名作家笔下的动物故事

中国人的动物故事

季红真◎主编

第二辑

南方日报出版社
NANFANG DAILY PRESS
中国·广州

图书在版编目（CIP）数据

中国人的动物故事·第二辑 / 季红真主编. —广州：南方日报出版社，2007.4
ISBN 978-7-80652-625-5

Ⅰ.中…　Ⅱ.季…　Ⅲ.①散文—作品集—中国—现代②散文—作品集—中国—当代　Ⅳ.I266

中国版本图书馆 CIP 数据核字（2006）第 123597 号

中国人的动物故事·第二辑　　季红真 主编

出版发行：南方日报出版社
地　　址：广州市广州大道中 289 号
电　　话：（020）87373998-8502
经　　销：全国新华书店
印　　刷：广东信源彩色印务有限公司
开　　本：889mm×1194mm　1/32
印　　张：8.25
字　　数：200 千字
版　　次：2007 年 4 月第 1 版
版　　次：2007 年 4 月第 1 次印刷
定　　价：15.00 元

投稿热线：（020）87373998-8503　读者热线：（020）87373998-8502

网址：http://www.nanfangdaily.com.cn/press　http://www.southcn.com/ebook

序

动物伦理的诗性叙事

季红真

“我们只有一个地球”，已经成为人类的共识。

在这一个地球上，所有的生命都是平等的，这是目前正在逐渐形成的意识形态。1957 年，彼得·辛格出版了《动物解放》一书，可以看作是这一运动的起点。而更广阔的思想背景，可以追溯到 1968 年罗马俱乐部环境危机的警示报告。30 多年过去了，被认为是“杞人忧天”的嘲讽，终于被愈来愈严峻的生存体验所消解，危机感遍及全球。地球上的物种在迅速地减少，人类的生存基础在迅速地崩坏，环境保护成为全球第一大政治。动物保护是其中的一个部分，而且是最使人类尴尬的问题。因为它与人类的日常生活密切相关，直逼每一个人的心灵。同时，这股思潮又冲击着人类文明的基石，动摇着各种文化的基本价值尺度。比如基督教中上帝赋予人类管理动物的教义，伊斯兰教中关于动物的等级分类，以及文艺复兴以来西方以人为中心的世界观。在中国文化传统中，则是百无禁忌的饮食习惯，以及时下破坏性的资源开发与野蛮生产。对于现代文明的质疑，对于资本主义的批判，也都包含在这一运动的思想潮流中。由此，思想者们回身反顾，重新解读文化典籍，希望正本清源，完成人与动物关系的合理阐释。无论是基督教，还是佛教，原本都有护生戒杀的传统，来自人与自然彼此依存的信仰。在中国文化中，老庄一派哲学影响下的文学传统，对待动物的态度从来都是平等的。只是近代产业革命带来的科学主义与技术主义的世界观，与亡国灭种的焦虑导致的持续浮躁，中断了这一古老的精神血脉。

人是大自然中的一个物种，这使他无论如何诳妄，都难以回避对自然的情感诉求。就是在对于自然的疯狂掳夺占主导的时代，在对于生命的杀戮空前严峻的历史进程中，动物保护的呼声也从来没有间断过。在科学主义盛行的意识形态背景中，人类对于动物本能的兴趣也以不同的方式表达出来。法国作家布丰的《自然史》中有以《动物的分期》为名的一卷，中译为《动物素描》，解剖学的眼光与审美的眼光交融在一起；法布尔的《昆虫记》，也以优美的散文笔法，获得世界的声誉。对自然的发现，对动物的观察，也是思想启蒙的一个方面。而从政府到民间的动物保护机构，则是20世纪西方国家共同的努力，是当代环境保护组织的重要部分。在中国则主要是以佛教为核心的护生信念。而且，进入20世纪以后，中国人自觉地参与到世界的动物保护运动中。1926年，著名的女社会活动家、诗人吕碧城，计划创办一月刊，以“人类不伤人类及人类不伤物类二语为旨”，没有成功。赴美之后，又欲与日人合作，提倡戒杀，仍然没有成功。1928年冬天，她偶然看见伦敦《泰晤士报》载英国皇家禁止虐待动物会函，这激发了她行动的决心，于是便致函英国皇家禁止虐待动物会，说明自己保护动物的思想，并谋划创办中国保护动物会。同年底断荤，坚持到生命的最后时刻。1929年5月，吕碧城应国际保护动物会的邀请赴维也纳开会并发表演说，从介绍佛教、孔教及周代礼制中的动物保护之道开始，最终提出废屠的主张。1934年1月24日，病逝于香港。按照她的遗嘱，骨灰和面为丸，投进大海喂鱼。与吕碧城前后开始的，是弘一法师和丰子恺以护生为主旨的文学活动。他们在民族与人类的大劫难中，强调“护生”“是劝人爱惜生命，戒除残杀，由此养成仁爱，鼓吹和平”。动物保护的意识，一开始就扩及人类生存的共同范畴。

在纯粹文学的范畴，对于动物的叙事，中国从“五四”开始就没有中断过。周氏兄弟对自然界有着浓厚的兴趣，鲁迅的《彷徨》中以动物为对象的小说有两篇，尽管是以人的角度叙述，但也在淡淡的哀愁中表达了由衷的爱意。借助自然界的生命现象，抒发对弱小者的同情，对暴力的愤懑，成为了一个叙事的基本路数，影响着后来者。比较而言，周作人的诗文态度更平和，对动物界的好奇是基本的叙事动机，可惜，他的努力长时间地被漠视。现代文学的各位大家，基本延续着鲁迅的笔法，多数是以动物寄托爱憎，寓言是基本的文体。只有“文革”结束以后，巴老的《小狗包弟》以写实的绵绵思绪，以平等的态度表达了对一条患难与共的小狗的忏悔。其次，则是不少作家痛感于人际关系的冷漠与隔膜，通过与动物的亲密关系，表达人与人之间信任、互爱与忠诚的理想。这在散文中极为普遍，而且不少被编入抒情散文的集子中。借动物以言志抒情，人的主体性依然压倒了对于动物的尊重，但是其中细致的观察与准确优美的描写，推进了动物叙事的艺术技巧。而小说则基本上延续着一个世纪以来的寓言文体，寄托着作家们神圣的忧思。

中国的动物叙事由此受到诟病，仍然没有摆脱以人为中心的叙事。这和西方近年来兴起的动物伦理的意识，还有着很大的距离。但是，仔细地阅读，可以发现寓意已经发生了根本的变化。从以动物转喻人类社会，到以动物为参照，反衬人类行为中的种种恶性，诸如自私、贪婪、不义与奸诈，赞美人与动物之间的真挚感情。在这些寓意的转变中，自我中心的意识逐渐淡漠消解，人与动物之间的互喻模糊了物种的界限。乌热尔图的《七叉犄角的公鹿》，在第一人称的拟真实叙述中，表述了不忍之心，弱小的孩子与被追捕的公鹿之间形成了情感联盟，最终感化了拥有权力的成年人。他的叙事是以政治迫害为时代背景，而冯苓植则是以商业化的现实为基础，构筑自己美好人性的艺术世界。他在《驼峰上的爱》中，表现得最为充分。因为失去母爱而变得性情乖戾的孩子与失去幼驼而性情暴虐的母驼，都是在纯洁的小女孩的感召下，恢复到正常状态。放荡的母亲、阴沉的父亲，也都由此而重现善良、澄明的心灵世界。而商业化的代表采购员则是恶的化身，寄托了作者对于时代的忧患。在这一则寓言中，作者呼吁人们要珍惜纯洁的感情。到了满都麦的笔下，商业化的灾难已经无法抗拒，他在《四耳狼与猎人》中，把人类对于动物的掠夺性虐杀，反弹回人类自身，以动物与女人的联盟，完成灵魂的救赎。这是世纪之交动物叙事的寓言，区别于以往的根本语义特征。这样的思想逻辑，得益于少数民族原始的自然观，在游牧民族的传统观念中，人与动物都是天然平等的。这使他对于社会的批判，具有深广的文化视域，力度也是富于震撼性的。张炜《鱼的故事》等作品，以梦境与魔幻等多种手法，追问人类掠杀动物破坏自然的伦理依据，启发人类意识深处的良知。叶广芩晚近的大量作品，也是借助民间万物有灵的原始信仰，完成寓言的结构。她对社会现实的熟稔，使所有的故事都植根于历史文化的丰厚土壤中，原始的信仰也是现实的部分，是民族集体无意识的体现，由此置换出来的幻觉形式，具有艺术的独特魅力。现实不仅是物质的，也是精神心理的，文化价值长期积淀酝酿成非理性的感觉，也可以达到逻辑推理的终点。这就是中国人动物故事寓言性的独特之处，作家们本能地趋向形而上的思考，并且有着悠久的历史渊源。

从揭示人类的贪婪本性对动物的残害开始，逐渐走向对于人类中心主义的反抗，这是近20多年来，中国作家不约而同的努力。大量写实的作品，基本走出了寓言的套路，对于动物世界的细致观察与生动描写，逐渐汇入世界动物叙事的潮流。方敏的《大拼搏》系列的作品，是这个潮流中炫目的部分。她以丰富的动植物知识，记叙了走向灭绝的物种顽强的挣扎与悲壮的毁灭。人类仍然在谵妄中，以各种方式破坏着地球上残存的生态，触目惊心的惨状具有警世的启迪。世纪之交的中国文坛，以动物为中心的叙事作品大批地涌现，都是这一潮流的发展。沈石溪的大量作品，则以多个向度，探讨着动物生存的现实。《苦豺制度》以深入的观察与丰富的想象，发现动物自身的生存法则。这些都表达了人类自我检讨的理性能力，由人及物的深厚悲悯。而陈应松的《豹子最后的舞蹈》，则是将动物的末路汇入自然与文化的末世情景中，表达了无法排遣的忧愤。野蛮的掠夺性开发，正在毁灭着所有生命唯一的家园。悲剧正在热闹地上演，但希望的种子也在坚韧地破土而出。以短篇小说名世的刘庆邦，以一系列人与动物双重主体的叙事，表达出拯救的努力。《梅妞放羊》是其中的一篇，女孩儿天然的母性与羊的母性交融在一起，朴素的寓意所指覆盖了所有生灵的生命价值，是对世界温暖的关切，是柔软心灵深处的诗性呈现。

文体形式的多样性，使中国作家的动物故事在各种不同的意义层面上，保留了一个世纪以来，国人与自然及动物关系错动的轨迹，记录了无数心灵对世界种种不义与残酷虐杀的反抗，特别是在无法抗拒的全球化过程中，民族主体与人类主体之间互动的建构努力，与世界思潮接轨和对原始思维的重新发现，都是在这个过程中意义展现的特殊方式。动物的伦理不仅是生态的问题，也是人性的问题，是生命价值延绵不绝的生成与发展，是人类摆脱野蛮的永恒梦想。基于不同角度与立场的叙事，都是人文情愫的抒发。而各种不同的情感底蕴，借助差异的文体，将忧患推向艺术的诗性高峰，科学、伦理与美学的自然融合，使中国的动物叙事具有了丰富博大的心灵容量，以自己独特的品格，参与了人类新世纪的文明进程。

目　录

难道这只羊是一个爱花的人托生的一见到花就嘴下留情？

告别伊咪

◎铁凝

一

这家的父亲从熟人家回来，对这家的母亲说，熟人家有一只白猫，一只他从来没见过的好看白猫。只是他们养猫的方法有些特别：用根破草绳将猫拴在厨房门口，猫浑身沾满灰尘。猫眼前是一个糊满嘎巴的空饭碗，叫人觉得这猫若有手，手里再有一根打狗棍，猫的处境就更不一般了。母亲说父亲想象力丰富，居然能把猫想作一个乞讨的人。女儿说，也许是猫的美丽和它那粗陋的生活方式对比之鲜明，才给父亲留下了深刻印象。全家感叹一阵，就转了话题。

数日后的一个晚上，熟人来到这家，手提一只不大不小的纸箱，对父亲说：“上次您去我家，不是夸过这猫好看么，我给您送来了。”说着也不看这家人的眼色，就把纸箱打开将猫放了出来。

熟人的言行令父亲和母亲有些尴尬，因为父亲虽然夸奖过这猫好看，却并没有养猫的打算。这家人从未养过猫，再说他们住楼房，女儿也极爱干净。一家人望着那猫，猫蹲在熟人脚边，蓬头垢面，眼神躲闪，宛若逃学之后斗殴归来的一名顽童。

一时无人对猫的去留发言。

熟人有些沉不住气，便竭力向这家人证明眼

前的猫原不是这猫的本色。为使猫显出本色，他请求母亲立刻备盆备水，他要当场将猫洗净。

用温水清洗过的猫果然焕然一新，当他那通身雪白的长毛变得光润、蓬松之后，他也自觉无愧于这世界了。他并紧健壮的双腿，闪烁着一双圆而大的眼睛好奇地打量起生人。他那淡蓝色的眼睛配以淡粉色鬓角，显得格外娇媚。熟人观察着父亲和母亲，那眼光像在说："你们不会为难了吧！世上难道还有不喜欢这猫的人么。"

接着，熟人又趁热打铁地诉说了他将这猫送来的原因：父亲去世了，他要结婚了，于是便要给猫找一家最好的新主人。

熟人讲的尽是实情，新主人便决定收下这猫。难道还能再让这只干净猫钻进纸箱，让熟人拎着去找主儿吗？那就仿佛是他们全家一道抛弃了这猫。

这是四年前的事。

二

女儿给猫起了个名字叫作伊咪。邻居们都称赞伊咪的出众，却又提醒说：这猫大了点，养猫可是要自小养。

这时全家人才发现自己并没有大猫小猫的概念。记得熟人送伊咪来时说他六个月，而明眼人却告诉母亲说，这猫肯定有一岁多。如此说，熟人送猫时，显然是瞒了岁数的。

无论伊咪是否被瞒了岁数，无论他是否已一岁有余，在这家人已不是最重要的，重要的是他们看重了伊咪的品格。这是一只仁义且憨厚的猫，他不肯轻易向人邀宠，也不随便感谢人对他的好意。来这家之后，他很花了些时间观察、体味和思索周围。他常常与家人拉开些距离，独自凝视着一个地方，似乎不愿太快地忘记从前那“破草绳、打狗棍”的生活，虽然现在的日子比从前要优越得多。首先新主人不再拴他，他尽可自由出入每个房间，并在晚上，走进父母房里，跳上床在母亲的脚边睡觉。他的饮食也从此规律起来，每日两餐，饭盆和水碗被女儿洗刷得干干净净。在逐渐地有了安全感和舒适感之后，他还为自己找到了鐾爪的地方：饭桌的桌腿。他常在一觉醒来之后走近饭桌，双“手”抱住桌腿开始他的鐾爪运动。有人说猫的鐾爪，大约是对爪的磨砺吧。他后腿着地，前爪紧抱起桌腿，咯咯挠着，那爪子“刮”下的木屑落在地上，地上常有一小片淡黄色的木屑。日久天长，桌腿显出坑洼，那坑洼的桌腿就好比枯瘦老人的那站不直的腿。

在伊咪的鐾爪过程中你才能窥见家猫血液里那一点原始的野性：总要有备无患吧，总要为意外的自卫而磨砺自己吧。这使得主人一直没有为他剪去指甲——像有些养猫人家常做的那样。既然强大的人类都有自卫的权利，猫的一副指甲又有什么不可容忍的呢。他们也没有为他去势，女儿听一位养猫行家说，去了势了猫虽然温和顺随，但只要与他的同类相遇，便要受到奚落和羞辱。他（她）们会一拥而上地嘲弄他并任意厮打他，因为他已不属于他（她）们中任何性别的一员。主人愿意让伊咪自然地活着。

当伊咪经过了慎重的观察与思考，认定这确是一家真心待他的好人，便尽心尽意地与家人配合，决心为自己树立些更优良的品格。首先，他无师自通地学会了小便时上马桶，他很为自己能学得这一本领感到自豪，常在有客人来访时一次又一次跑进厕所，跳上马桶摆正自己，微微梗着脖子，神色庄严地开始撒尿。每当清晨和晚上，卫生间利用率最高的时刻，伊咪便也不失时机地表现他的紧迫和慌张。如果家中哪一位要进卫生间，他必定在你脚下一路磕绊着跑在前边，抢先冲进去，虽然那一刻他并没有什么好排泄的。如果碰巧他被关在了卫生间之外，他便煞有介事地或在门口来回踱步，或扬起巴掌拍门，示意他的等待是有限的，他的迫切感早已胜过了里面的人。

伊咪希望全家和睦相处，反对各行其是。比如全家看电视，永远使伊咪激动。他激动着自己卧在全家人前，眯起双眼从始至终，那电视内容对他却无关紧要。他为难的是家人有时对电视节目的分歧：父亲津津有味地把住客厅的电视看足球，母亲和女儿到另一房间看电视剧。这时的伊咪先是遗憾地在两个房间奔跑一阵，最后便坐在两房之间的过厅里，以此来联络全家的感情。

幸亏明天又是个团聚的时刻，那时伊咪会无限欣慰地选择自己的位置——他常用一种极其虔诚的办法

那猫在琴盖上的步子细碎而忙
那并非神曲它好像在模仿人的手指
琴也会发出轻微的共鸣

卧在全家面前。那是一种自己把自己摔倒在地，胸膛里还会发出一个“噢”的声音。他摔得忠实，摔得无所顾忌，他故意用自己的憨态，引来全家的高兴。

女儿说，也许伊咪的母亲没有来得及教会他怎样卧倒吧。

父亲说，这正是他要提起全家的注意——有我在难道你们还各行其是吗？

三

伊咪的祖父是纯种波斯猫。到了伊咪这一代，只几分波斯成份了。但他的性格里，却几乎包含了波斯猫的全部特征：聪明、胆小、敏感。

当他确认了自己是这家庭当之无愧的一员，对家中的新鲜事物总是表现出极大的好奇和兴奋。从新添置的家具到篮子里应时的蔬菜，他从不放过对它们热烈的鉴赏。当母亲坐在厨房择芹菜时，伊咪会凑上前去，伸出小巴掌拍打着菜叶，就像在说，芹菜么，我对这味道可不讨厌。女儿在一本关于养猫的书上确实看到，猫对芹菜味儿的特殊喜好，就也给他在饭里加些芹菜吃。伊咪吃着，品着。有时他也斗胆去闻葱头，立刻被呛得打起喷嚏——原来葱头不是芹菜。伊咪躲开了。

这家的钢琴是母亲的。每当母亲弹奏时，伊咪必定凝神屏气地坐在远处倾听。当他第一次听见钢琴发出的声音，居然兴奋地在沙发上奔跑了好几个儿来回。

他感到疑惑不解，又为这奇特的音响不能自制。那么，我能使它发出声响吗？从此，他创造了一个新节目，便是趁人不备时一遍又一遍从钢琴上跑过。他那踩在琴盖上的步子细碎、匆忙却非常坚定，好像在摹仿人的手指，琴也会发出轻微的共鸣。但母亲是严禁他上琴的，为此她严厉地批评着他，他们面对面坐着。开始伊咪不动声色地听，当母亲的絮叨没完没了时，他便闭起双眼，微颦着眉头，下巴向里紧收着，那神情分明在示意母亲：除了我之外，谁还能忍受你如此的絮叨呢。在以后的日子，这姿势成了伊咪准备忍受强大不耐烦时的代表性神情。

这家的父亲是画家，有一次从山里归来，带回一只野山羊头骨的标本。这是一只矫健的公羊，两只深棕色的犄角向两边翻卷着，显得十分威武。父亲将羊头挂在客厅的墙壁上，伊咪立刻就发现了客厅的气氛不同寻常。

像所有的波斯猫一样，伊咪也是短腿，弹跳能力之差，使他没有向高处攀登的兴趣，但他能很快发现高处的一切。现在墙壁上出现了一个长犄角的家伙。他坐下来，仰起脸，端详着那于他来说十分古怪和陌生的东西，目光里有一点愕然，有一点敬畏。莫非这是家中一个新成员？我今后该如何与他相处？伊咪的仰望持续了很久，那静默的时间几乎超出了猫力所能及的程度，像等待那家伙跌下墙来，但羊头始终在墙上静穆着。之后他便将脸猛然转向父亲，在父亲和羊头之间又作了三番五次的审视研究后，才向父亲发问般地歪起脑袋：现在我知道了，这东西是你带回来的，看上去神气活现，其实呢，死的！

一架吸尘器却给伊咪带来了恐惧。无论它的外形和它的声音，都使伊咪有种世界末日来临之感。只要家人一搬出那家伙，伊咪便望风而逃。这时他选择的安全去处是前阳台，他常常跌撞着一路狂奔，奋力拽开阳台纱门将自己藏好。有一次昏头昏脑竟被纱门边缘一块破损的铁纱挂破了嘴角，致使他自造的这恐怖景象更加具有了真实感。但吸尘器到底没有敌过伊咪对它的研究，当他慢慢发现它那隆隆的声音、它那红白相间的身子、它那长长的“大鼻子”以及它那沉着缓慢的移动都是为了一个目的时，伊咪不再躲藏。吸尘器在前面吼着，他便迫不及待地在它旁边打起滚来，而他选择的地方，正是吸尘器经过之后的一块“净土”。

然而一些最细小的动物，却永远使他不知所措。伊咪常常独自蹲在门厅的桂树花盆跟前，显出一脸的紧张。他盯住花盆忽而蹑手蹑脚地向前逼进，忽而又一步一步地向后退却。后来有人发现，令他退却的是从花盆里爬出来的蚂蚁。

他能面对公山羊头骨的威武，能面对吸尘器的轰鸣，却对付不了一只蚂蚁的蠕动。

四

每一年的雨季到来之前，油漆工都要来家里油漆门窗。

这天上午，两位油漆女工来了，提着淡绿色和乳黄色油漆桶。这本是伊咪睡觉的时间，但油漆工的到来使他一下提高了警惕，他一定觉得此时看守住这家，比睡觉更重要。谁知她们是干什么的？她们那斑斑点点的衣着，手里那颜色刺人的油漆桶，以及桶内那放射性的气味，都超出了一般客人的轨迹。于是当来人开始了她们的涂抹时，伊咪也就开始了对这家的监护。一个房间被涂抹完了，他便紧随她们走向另一个房间。他选准合适的位置坐定，一丝不苟地注视着来人的行为，这使得主人反倒不好意思起来，好像伊咪的出现是应了主人的派遣。女工们却很开心，因了一只猫对她们的陪伴，并如此关心她们手下这枯燥的劳作。她们笑着，笑伊咪对眼前事情的专注，笑他强撑着一双困倦的眼皮却仍不肯离去。直到近中午女工终于告辞，伊咪才松懈了全身迈上床去，倒头大睡起来。

对待电话，伊咪一向持积极态度。每逢电话铃响，他总是第一个朝铃声奔去，然后再焦急地去找主人。他一路蹭着主人的腿，朝主人高高仰起头，像是对你说：为什么不能快一点，电话可是响了半天的。有一次来了个修电话的师傅，那师傅因试验电话的打铃系统，使铃声响了好久。这下可急坏了伊咪，他在电话桌前团团转着，疑惑万分：为什么谁都不来接电话？这么说，非我不可了。于是他勇猛地跳上桌面，向话筒伸出了手。修电话的师傅很为伊咪的壮举所打动，对父亲说：“这猫可挺忙，就差拿起话筒开口了：‘喂，请问您找谁呀？’”

女儿的妹妹在几年前去了国外，临走前她和伊咪之间发生了一点不愉快：就在她离家的那天早晨，伊咪不知为什么毫不客气地冲着妹妹的后腰撒了一泡尿，妹妹正穿着行前的新衣服。而头天晚上，妹妹和姐姐还不辞辛劳地从附近一个工地上，为伊咪抬回一麻袋沙子——那是伊咪的便盆中所不可少的铺垫。伊咪辜负了妹妹的一片心意，致使妹妹每次从国外来电话，总不免诅咒一阵伊咪。但伊咪对那电话却听得津津有味，好像妹妹的电话是专为了想念伊咪才打来的，每次他必定从头听到尾。即使那电话在深夜打来，伊咪也会睡眼惺忪地爬起来，和家人一起聆听这大洋彼岸的声音。

这家的女儿是作家，那年在写作一部长篇小说。夜深人静，才是她思维敏捷的时刻。在温存的灯光下，女儿手里的笔在纸上轻轻划动着，那细微的声音明晰可辨。她常在这样的时刻生出感恩的情怀，感激上苍拉开这道帐幕，放她走进这样一种生活。她常想，在纸与笔之间从来就没有什么孤单和寂寞。纸与笔的结合产生了许多的故事，有些故事使她欣喜，有些故事也会把她弄得悲痛。这时她就放下笔，让笔歇息，让自己尽情欣喜或悲痛。

一次，伊咪走了进来，适逢女儿在流泪。他先站在她背后沉思片刻。然后轻轻跃上她的书桌，在她眼前的稿纸正中坐定。他探询地端详她，往日那淡蓝色眼睛在这深夜的灯下变作灿烂的金红，而他那通身的长毛逆着台灯的光亮，分外夺目。他望着女儿，似乎在说：既然这是一件让你如此伤心的事，那么就不要再做了。女儿受了伊咪的感动，抱起他离开了桌子。

第二天女儿的钢笔不见了。全家人齐心协力搜遍了犄角旮旯，最后母亲突然想起了伊咪说，该不是伊咪的事吧？女儿叫来伊咪，对他说了很多话，央求他不要开这种玩笑。起初伊咪不以为然地在女儿房间踱步，企图用这不以为然来洗白自己与此事无关。女儿十分沮丧，便呆坐在椅子上不知如何是好。而踱步的伊咪这时却忐忑不安起来，他万没料到，他的一番好意会给主人带来这么大麻烦，他记起了昨天晚上的事。他想，钢笔的事情是我干的，可是假如没有这只能写字的笔，你又怎么会掉泪呢？谁知笔没了，你却沉闷起来。人类终归是捉摸不定的，也许她们情愿握住一支笔去掉泪吧，掉泪总比就这么沉闷下去好吧。那么，还是还给她为好。于是伊咪就在女儿和一个衣柜之间跑了几个来回。这几个来回终于引起了女儿的注意，她向衣柜底下望去：呵，钢笔。

钢笔正安静地躺在衣柜下边的暗处。

女儿是多么感激伊咪，她坚信动物和人的相通并非玄虚。她感激着伊咪，把他抱起来，而伊咪却急急地挣脱了她，慌慌张张地躲到一个不为人知的地方去了。若真是朋友，感谢便是多余。

五

这家的院墙以外是一片农民的菜地。夏日的黄昏时分，站在后阳台向外望去，空气里满是泥土的馨香。如今城市一天天吞食着乡村，这菜地的四周已围满新起的居民楼。但菜地仍然固执地坚守着自己，任你高楼的俯视。暮色苍茫中，你仍能看见菜农们忙碌的身影。一些半大男孩正坐在空中楼阁般的小窝棚内玩耍嬉戏，快乐的欢笑声不时从那里飘来。也有结伴的男孩，跃出窝棚穿过菜地，爬上这城市居民的院墙，在墙头上一字排开，倾诉他们内心的秘密。也许这倾诉不再是对这片土地的眷恋，而是对一种全新生活的憧憬。

伊咪喜欢在这样的时刻跃上后阳台，静静地凝望院墙上那一排男孩。他坐得沉稳，望得专注，听得仔细。当夜色渐渐模糊了那些孩子，只剩下风儿送来的一些稚嫩声音，声音仍能唤起伊咪对他们的留恋。仿佛他们的秘密也就是伊咪的秘密，正因了这共同的秘密，他们就要来邀请他了。但他们谁也没有注意他的存在，看来他就是再望上他们一百年，他们也不会注意到他吧，伊咪对外界的过分关注，倒使得家人把伊咪想成是在“作风”上的不安分了。

家人决定为伊咪请请女伴。女伴来了，母亲总是挑剔一阵，说这个像小市民，那一个则是“二百五”。而伊咪向来是以他那温和的习性对待她们，有时温和得近似窝囊。有一次，一只女猫在与伊咪过了一夜之后，不仅独吞了他的全部饭食，临走还扬手给了他一个耳光。伊咪默默地看着她，像是说：这没什么，我知道你经常吃不饱，我看见一星期你的主人也不过用张脏报纸给你托回两个干鱼头。我盆里有梭鱼，有猪肝，有白米饭。至于你为什么要扬手给我一个耳光，那是你自己的事。猫么，也是百猫百性百脾气。再说既然咱俩过了一夜，我就没个差错？后来听说那女猫跳楼自杀了，从五楼上跳下来，还怀着伊咪的孩子。她的主人说这猫嫉妒心极强，嫉妒一切比她条件优越的猫。

伊咪始终不知道这件事。他也没必要知道吧，对那女伴，他已做到了仁至义尽。当她抢夺他的饭时，他是那么主动地闪在一旁，甚至还把饭盆给她向前推推。

六

伊咪健康而酷爱清洁，如同得了洁癖。假如卫生间的地板上被家人不慎洒了水，而伊咪正巧要从这地方经过，那么他便开始夸张他的为难。他皱起眉头，犹豫地抬起一只前爪试探，又谨慎地将爪子收回。他用这姿态给主人难堪：这真是一块无从下脚的地方啊，看来我只有踮着脚尖绕过去。他踮着脚尖绕过有水的地方，便拼命抖着沾在脚上的水珠，再把自己很是整理一番：舔手舔脚，舔他那未曾沾过水的全身，直到他认为过得去为止。

只有一次他在家人面前出了丑。一个下雨的晚上，或许他在阳台上着了凉，肠胃有了异常感，便慌张着跑回来找他的便盆。不幸的是他没能按照以往的排泄习惯如愿，他有生以来第一次把大便拉在了便盆之外。那确是一个狼狈的时刻，当女儿最先闻见气味不对时，伊咪正企图从盆里掏出些沙子埋住他那份难堪。猫有掩盖自己排泄物的天性，有教养的猫就更在意。

也许在伊咪的一生中，他把这件事看作最使他丢脸的事吧，因为那一刻在他的脸上是家人从未见过的惊恐和羞愧。他的神情里有某种凄然的绝望，他决心向主人解释清楚这一切，于是便开始了他那绝无仅有的一次诉说。他的眼睛盯住全家人，一连串的“啊呜”声从喉咙里发出来，时而低沉，时而急促。那长达几分钟的诉说使家人终于明白了他的内心，那实在是一份震慑人心的明白，一份掺杂着恐怖的明白。全家人蹲下来温和地小声叫着伊咪，告诉他，他决不会因此受到惩罚和歧视，因为他们相信这是一件谁都无法料到的事。终于，伊咪安静下来，在休息了一夜之后，他的肠胃恢复了正常。早晨，他又特意表演了通常那排泄和掩埋的技术。

据说动物的语言系统是一套复杂而又完备的系统，从昆虫的鸣叫到野狼的长嚎，这其中永远有着人类所不可知的秘密。当一只猫突然决定用语言与人交流时，好像是动物给了人走进生命中一个新领域的机会。

一位著名电影摄影师告诉这家的女儿，若干年前，知识分子正实行“三同”的时候，他和他的同事在乡下住过几年。一天深夜，他们路过村口一座荒芜的破庙，听见院子里有一种奇怪的声音。他们胆怯着推开虚掩的庙门，原来在洒满月光的院子里，是猫们在开会。在一大片席地而坐的猫们前面，一只苍老的狸猫正发表演说，他声音苍凉而喑哑，还配以果断的手势，令那场面极为肃穆、神秘，好像是一次非同小可的动员会或者誓师会。是人的到来打断了这会议，老狸猫一声短促的吼叫，猫群四散开去，只剩下一院子月光。这位摄影师说，猫的会议使他终生难忘，他还常常为无意中搅散了猫的会议而内疚。

人类的确在无意中就伤害了动物，虽然人类正逐渐地努力，以自己对动物愈加周到的爱心来不断印证人的文明。女儿因为观察那晚伊咪的异常，读了一本名叫《猫的饲养与猫病的防治》的小书。这书的前半部讲的尽是如何养猫爱猫，甚至连给猫洗澡时勿忘在猫耳里塞上棉球都特意提醒了读者。待到书的后半部，作者却将笔锋一转，大谈起人应该怎样养猫和怎样杀猫和怎样剥猫皮。

这便是人类对动物永远的随意吧。有时人好像是某种动物的奴仆，那终归是一种假象。

七

假如人能够公正、客观地看待与他们相处的动物，就不会有意隐藏这动物的缺点。

实际上，当年熟人把伊咪送来不久，全家人就发现了伊咪的缺点。伊咪是那样在意自己的大小便，但有时却会突然失去控制地随便撒尿。还是那本怎样杀猫的书上讲，从猫的生理特征分析，男猫一向比女猫对自己的生存环境有更强烈的占有欲，为了确认这种占有，他们常爱将尿撒在他们的所到之处，好比古代边塞盛行的“跑马占地”。当那些地方充满了他们自己的气味，他们才会安然地生活其间。这说法或许十分在行，然而伊咪那令人头疼的“跑马占地”却是无穷无尽地发展起来：墙根、桌腿、报纸、纱窗、冰箱、洗衣机……毫不在乎。只待尿出之后，伊咪才恍然大悟地再跑进卫生间，跃上马桶重作第二次排泄，就像有意告知人们：随地便溺，我可不是故意的啊，那不过是一时糊涂。你们看我这不是到厕所来了么？他的这套行为逻辑叫人觉得他特别糊涂又特别清楚，叫人哭笑不得。可尿毕竟是充满着尿味儿的，主人要跟在他身后迅速清除这“劣迹”。

于是在日常的采买中便多了一项内容：购买除臭剂。为买除臭剂，女儿曾经多次领受过售货员的白眼。当她站在柜台跟前指名叫售货员拿给她除臭剂时，售货员多半会用鄙夷的神色反问：“什么?”她要听的是女儿的重复，以这重复使女儿无地自容：你这么衣冠楚楚，可为什么要买这种东西?好像这专治不洁的东西倒成为真正的不洁了。你说着这不洁，便是你的不洁。人大凡有一点市场经验，就会有这种体验：所有的产品原都是为着出售而制造，可你在购买那产品时，却又被出售产品的人百般鄙视。也许这不能算作售货者的“以貌取人”，而是“以货取人”吧。女儿终于习惯了这“以货取人”的遭遇，再进商店，她会有意大声地告诉售货员：“喂，我买除臭剂!”一种迫不得已的锻炼吧。

可是伊咪却不顾女儿的忘情忘我精神，竟发展到在女儿的小说稿上撒尿了，这是女儿所不能容忍的。为此她真痛打过他，并假意要把他扔掉。那时伊咪在她怀里和她撕扯着嚎叫，结果还是被她抛至墙头。墙下许多人都关心起伊咪的命运，在众人的众说纷纭中，伊咪决心当众作一次忏悔。他匍匐在墙头，拿眼的余光扫着众人，喉咙里发着“咕咕”的声音，有人说那是他在哭。于是为他讲着好话的人越来越多。

听着众人的劝解，女儿终于向伊咪张开了两臂。家人把这次的事称作“墙头事件”。

但墙头事件之后，伊咪并没有痛改前非，那难以控制的排泄习惯却愈演愈烈。原来猫尿对金属是有着一种不可忽视的腐蚀力的，这家的许多金属器具大都不同程度地遭到了伊咪的摧残。洗衣机的半侧已锈斑累累，一条腿即将断裂；冰箱一侧也濒临斑驳；台历座、闹钟已出现坑洼；母亲花镜的金属框架上，隐约可见绿锈斑点……

一个本无风浪的家庭，因此便出现了不平静，伊咪的去留开始成为这家每日的争论内容。父亲坚持要扔掉伊咪，母亲和女儿则永远站在一边，替伊咪说着好话，举出伊咪的种种优点企图说服父亲。

父亲说可事实上他已经妨碍了人的正常生活。人又怎么样？人犯了罪还要送走劳教劳改呢。

女儿说伊咪又不是罪犯，他不过是一个难以控制自己的病人。

父亲说正因为他得了不治之症，才没有必要再养。

女儿说正因为他是不治之症才不能将他推出家门。

气氛日趋紧张，伊咪对这气氛非常敏感。那时他多半会坐在一个黑影里发愣，悲观得要命。有一回母亲在无理可辩时，竟责怪起父亲，说，一切的一切，都是因为起初父亲发现了伊咪的好看。父亲说好吧好吧，既然我是罪魁，那么一切就由我处理好了。说着他就开始寻找伊咪。

也许伊咪明白了这“处理”意味着什么，他不见了。

所有的房间，所有的阳台，所有的旮旯，都没有伊咪。全家人找完家里又找完院里，楼道内，小花园，每一丛灌木，每一个黑影，都没有伊咪。连父亲也着慌了。

午夜时分，他们疲惫不堪地回到家里，只有坐在客厅发愣。

就在这时，客厅那厚厚的窗帘背后，发出了一个轻轻的声音：“喵——”女儿跑过去掀开窗帘一角，伊咪就端坐在窗台角落里。

伊咪是对这一家人进行考验吧，为了进行一次真正的考验，他必得进行一次真正的模拟失踪。

八

伊咪的模拟失踪，竟然使父亲作出了暂时的让步，从此不再有人提起伊咪的离家。全家人同心协力，配合默契，顽强地开始了对伊咪的教育。

曾经有兽医告诉母亲，伊咪的毛病属神经性的失控，可能与幼年的生活有关，照理说这样的猫的确不能再养。可是这一家人更相信“诚则灵”，更相信奇迹能在伊咪身上发生。

不计其数的说教，不计其数的痛打，不计其数的好转，不计其数的反复。伊咪每次那甘心情愿全身伏在地上挨打的神情，也证明着他本人的决心。

想必是上苍有眼，奇迹终于发生了：经过一年多的努力，伊咪走出了深渊，他拯救了自己，或许付出了比人类更为艰难的控制力。从此他可以无所顾忌地面对世界了，他的崭新形象，是对主人最好的报答。

一切一切都证明了，伊咪的小便失控，确系幼年时受过惊吓所致。原来在伊咪还未满月时，因为他不知到哪里去尿曾把尿撒在被子上，为此遭到过熟人的痛打，而后这熟人却不懂得给伊咪设便盆。于是在撒尿的问题上，人使猫不知所措了。

九

最终决定把伊咪送人是四年以后的事。这一年，女儿要出远门，父亲和母亲因为工作的缘故，也常不在家。于是全家开始平心静气地商量应该如何面对现实。他们仔细为伊咪选择着新的环境，最后决定还是让他回到从前的熟人那里，回到那个他曾经生活过的地方。

看来别无选择了，因为养猫的人都知道，一只将近六岁的猫是难以更换主人的。而那位熟人，毕竟和伊咪有过最初的感情。母亲去找熟人商量，熟人说，送回来吧，从前我是对他缺乏耐心，可我知道，那可真是只好猫，仁义，不刁。我就喜欢他那股憨实劲儿。

初夏的一个傍晚，伊咪走了。带着他的饭锅饭盆和水碗，带着他的褥子和枕头。父亲承担了送走伊咪的任务，仿佛他还记得从前母亲对他的“埋怨”，说是他最初引来了伊咪。那么，这迎来和送往当由他一个完成吧。父亲为伊咪准备了一只旅行袋，母亲和女儿不由想起有一次把伊咪装进旅行袋的事。

那年暑期，全家外出度假，把伊咪暂时寄养在母亲的同事家。当母亲企图把伊咪装进旅行袋送走时，伊咪宁死不屈地撒起泼来，并踢翻了他的饭盆以示抗议。数天之后，家人度假归来，母亲接回了伊咪。那位同事告诉母亲，伊咪在她家一连几天不吃不喝，而且拒绝同前来找他的女猫们亲近。他的到来，几乎招来了同事家附近所有的女猫，然而他孤傲地望着她们，就像在说，你们以为我的不吃不喝仅仅是缺少了你们么？你们这些女人啊，怎么可能理解一个真正男子汉的心呢。

此刻，一只旅行袋又摆在了伊咪眼前，母亲和女儿已作好他大闹一场的准备。出人意料的是，伊咪一声不吭地走进了那袋子。他的神情是沉静的，他的步态也很坚定，他就仿佛用这沉静和坚定来告慰家人他已成年，他能够以成年的样子来分担家人的心事，他能够承受在他生命旅途中一个全然陌生的内容。

泪水模糊了女儿的眼睛，她多么希望他哭出来，如同人们常常劝慰那些被哀伤惊呆了的人：你哭一哭吧，哭一哭就好了。

父亲回来说，伊咪安静了一路。

十

母亲和女儿伺机寻找去熟人家看望伊咪的理由。第一次她们想起伊咪没有带走他的便盆，于是她们就带着伊咪的便盆来到熟人家。

伊咪又过起了幼儿的生活，他被熟人绑在沙发角落的暖气管上，几乎动弹不得，当熟人因这家母女的到来把他松开让他们亲近时，伊咪狂奔过来，蹭着她们的腿，不停地在地板中间打滚儿。他的娇态使熟人的妻子大为惊讶，她原是不爱猫的，当初熟人送走伊咪就是因了她的出现。现在连她也说没想到这猫是这么好玩，她怀中一个一岁的孩子也咯咯笑着看伊咪的表演。

那时女儿多么感激这尚不会讲话的孩子，她暗想着，就因了这孩子喜欢伊咪，熟人夫妻定会好好地待伊咪吧。难道她们不该为孩子买一件漂亮的小衣服带去么？于是母亲便有了第二次看望伊咪的理由。

她们带着一件小衣服和一饭盒煮梭鱼又一次来到熟人家。伊咪已被移至屋外了。他脖子上挂着一段粗电线，正蹲在刚刚下过雨的脏墙角。他满身黑灰，连身子底下的褥子也变成了一个泥饼。女儿叫着他的名字，他却漠然地看着她。女儿给他解着绳子，试想着绳子松开后，他一定又会跑来同女儿亲热相处。谁知绳子解开了，伊咪仍是原地不动。他不屑地扫视了一下女儿，索性紧闭起双眼。女儿发现他面前那只空饭盆，才想起把带来的煮鱼拿出来。

当女儿刚刚把煮鱼倒进饭盆，伊咪睁开了眼睛——显然他那灵敏的嗅觉又苏醒了。他一个箭步蹿到饭盆跟前，拱开女儿的手，把嘴扎进饭盆，刹那间鱼被吃了个精光，然后又溜之大吉了。当女儿试图再唤他回来时，他早已躲进一个黑夹道，只露出两只金红的眼。

民以食为天。女儿想起了这句话。猫更如此吧，但当人和猫只为着眼前的食才活着时，还能讲什么恩怨吗？昨天，昨天在哪里？昨天你曾为我煮鱼、切猪肝，有时还在饭里为我加芹菜和味精，女猫们吃我的饭，我还来个温良恭俭让。难道真有过这等事吗？反正现在我眼前只是这个四壁如洗的空饭盆。

女儿试图劝熟人按时喂伊咪吃饭，熟人的妻子说："谁有工夫呀。"女儿又劝熟人不如把伊咪放了生，让他到自由的天地里去自觅生路。熟人说："丢了怎么办，这么憨的猫。"

于是女儿发现，人和人之间原本是最难展开一个共同话题的，那话题越是细小、琐碎，那展开就越是艰难，就像你本无法去劝那位写"猫书"的人不要把养猫和杀猫写在一本书里。在动物面前，人是多么看重自身的权利。在动物面前，人也确有无限的权利。

母亲和女儿从熟人家出来，共同想起了中国一句俗说：事不过三。她们决定永远不再看望伊咪。再去看望就变成了对人的说三道四，说三道四，不就是无故干涉别人家内政么？

然而这家人却永远记住了和伊咪的相处，永远记住了他们之间的一切欢悦和烦恼。他们的相处使人类那愈来愈粗糙的灵魂变得细腻了，动物有时的确比人更像人。

岁月或许使伊咪真的已经忘记爱过他的人们，但这并不重要，重要的是人们曾经爱过他。一首歌不是唱过“爱是无私的奉献”吗？

没有告别，怎会有永远的纪念？

没有纪念，人类的情感便空旷了大半。

大拼搏

◎方 敏

一

这是一脉神秘莫测的大山。崇山峻岭隐现在云雾之上，四季寒暑变幻着五光十色，时时处处透露出扑朔迷离。于是，它得名为云顶山。

三月的云顶山，时而云翻雾涌，似已将大山化为乌有，拥上天庭。时而山风频吹，又见得一壁断崖，一坡雪野，一树枝丫，证明它是地球上的实体，迷茫的云雾成了翻云覆雨的屏障。莽苍的大山成了造物主手中的玩具。千年万年，重复着一个似是而非的游戏。不时，从大山的深处，传出一阵阵虎啸、豹吼、鸟鸣、鸦啼……云顶山便显得更加神奇。原来，那千年万年重复的游戏并不单调，即使是置于股掌的玩具，也还藏匿着大大小小、强强弱弱的众多生灵，在依照大自然的旨意物竞天择，生生息息……

太阳当顶的时候，山脚的云雾变得稀薄起来，仿佛虹霓化作的彩羽，从迷茫的云雾中，缓缓现出来一队翩翩多姿的褐马鸡，这些美丽的雉类，体形颇似雄孔雀，却不五彩绚丽，而且雌雄难分。细长的头颈和紧缩在两肋的翅膀，是黑褐色的，闪着乌油油的光泽，衬托矫健的步态；修长的尾羽仿佛雪白的银丝缕缕，垂下似纱裙，竖起似旗幡，张开更像盛开怒放的雪莲；一绺雪白的胡须，绕颌上朝脑后翘上去，形成两个尖尖的角羽；而在白色尾羽的顶端，又镶以褐色的翎子，使两种色彩搭配得协调别致，浑然一体。紫红的脸面像玫瑰花，鲜红的脚爪像珊瑚，粉红的长喙像玉石，都起着画龙点睛的作用，把它们装扮得典雅华贵。

雄鸡长角走在队伍的最前面，那壮实的个头，劲健的脚爪，坚硬的长喙，特别是桀骜不驯的长长角羽，不容侵犯的凛凛威风，处处显示出它的不可取代的头鸡地位。在长达六个月大雪封山的日子里，云顶山上没有绿树鲜花，没有小草山溪，头鸡必须凭着超群的智慧和勇气，带领鸡群去找寻秋日里剩下的沙棘或别的什么浆果，去熬过漫长艰苦的寒冬。而在这些天寒地冻的日子里，几百只老老少少的褐马鸡则始终跟随头鸡，形影不离。日落随它上树夜宿，日出随它漫山觅食，把一行行浓墨重彩的“个”字脚印，甩在身后的雪野上，将一个个生的希望寄予春天的来临。在这漫长的行程中，饿死的倒下，冻死的僵立，剩下那些活着的，便从死者的身上跨过去，仍然紧跟着头鸡。

雄鸡歪嘴走在队伍的最后，这是只萎靡不振的懒鸡。夜晚，它总是栖在最低的枝头，甚至不愿多向上跳两步；白天，它总是落在队伍后头，甚至当死去的伙伴倒在面前时，都懒得抬腿，而是绕着过去。所以，它常常受到闻风而来抢夺死尸的乌鸦的惊吓，而只有在被惊吓时，它才会放快脚步追上鸡群。

现在，当雄鸡歪嘴又一次因为惊吓而赶上队伍时，鸡群却突然站住了。于是，它又懒得停住脚步，继续朝前走。然而，待这只懒惰的雄鸡难得地站到队伍的最前面时，它也愣住了：向阳的山坡上，一片铁灰色的沙棘枝光秃秃地参差着，竟再也见不到半颗黄澄澄的果实！

这里曾是云顶山上最大最丰盛的一片沙棘灌丛，这里也是长角鸡群一冬天的觅食基地。它们怎么会不复存在的呢？因为鸟类还是别的褐马鸡群？因为狂风还是暴雪袭击？抑或在长角鸡群日复一日的择食之后，早已经所剩无几？寒风呼呼，饥肠辘辘，跟着队伍奔波了大半天的雄鸡歪嘴，一屁股坐在冰冷的雪地上，不再站起。

前途渺茫，垂头丧气，十几只瘦弱的褐马鸡也一起歪倒在冰冷的雪地上，只是用眼睛望着头鸡。

此刻，头鸡长角也怔住了，眼睛里流露出迷茫的神色。假如它不能及时找到新的觅食途径，假如其余的褐马鸡继续自暴自弃，这云顶山上最大的一支褐马鸡群将毁于一旦。

“呱！呱！呱！”大叫三声，头鸡长角跃上了光秃秃的沙棘树丛，焦虑地左顾右盼，暴躁地跳来跳去。可是，天苍苍，地茫茫，竟找不到一粒救苦救难的果实。

“呱！呱！呱！”又是三声更加尖厉的大叫，头鸡长角一鼓作气飞上了八米高的山丁子大树，于是，奇迹出现了，在横七竖八的枝丫间，一串串紫红色的山丁子果，竟像天降仙果一般，半藏半露地躲在厚厚的积雪中，闪着迷人的光彩。大喜过望，头鸡长角立刻扑上去，随着叮叮当当一阵紧啄，一粒粒救命的山丁子果，便像雨点似的，撒向它的子民。

顿时，像大海涨潮一般，黑鸦鸦的鸡群，一起向山丁子树下蜂拥。一只只乌油油的伸长的脖颈，牵动着一个个尖利饥饿的长喙，要么幸运地啄中一颗果实，要么就去与幸运者争夺。每一粒果子的落下，都会招来十几只褐马鸡扭成一团，每一团鸡群的滚动，又会搅得雪花飘舞，鸡毛翻飞。很快，黑鸦鸦的鸡群便分裂成许多褐色的毛团，向着广阔的山地扩散、蔓延。白皑皑的雪野上，到处是智和力的较量，是喧嚣和躁动，是得的当仁不让和失的死不甘心。

高高的山丁子树上，头鸡长角一直在不停地啄着扔着，直到最后一颗紫红色的果实衔在嘴里时，它才突然意识到自己的饥饿。于是，它犹豫着朝树下望去。

树荫里，静静地卧着雄鸡歪嘴，尽管它也像别的褐马鸡一样饥寒交迫，可是要它为一颗小小的果实去拼去抢，它却懒得动。所以，当头鸡长角终于将那最后一颗山丁子果向雄鸡歪嘴扔来时，便正好应了懒有懒福一说。

即使如此，雄鸡歪嘴也懒得站起来，只是原地不动，伸长了脖子去啄，一下，两下，等不到第三下，那颗宝贵的果实就被另一只长喙啄去了。

得便宜者也是一只雄鸡，有一个出类拔萃的大头，它之所以没有参与山坡上的争夺，不是因为懒，而是胆子太小。风吹草动尚且令它发抖，何况是拼命地撕掳呢？现在，既是得来全不费功夫，它何必谦让呢？可是，就在它仰起头，准备吞咽时，头顶却被狠狠地一啄，随着一声惨叫，那到嘴的美味便骨碌碌地滚跑了。

攻击者是一只美丽的雌鸡，身材瘦小，尾巴很长，特别是中间两根尾羽挑起褐色的翎子，远远拖在身后，就像凤尾一般，显得仪态万方。不过，当它为争夺食物而战时，却一点也不嘴软。可就在雌鸡凤尾刚刚站到那棵沙棘树下时，那衔在嘴里的山丁子果却不翼而飞了。而在它身后紧追不舍的十几只褐马鸡却扑了上来，和它扭在一起，滚作一团。

谁也想不到，沙棘树上，一只脖颈长长的雄鸡，正在美美地享用那几经争夺的最后一颗果实。这只聪明机敏的雄鸡，凭了它的长脖子虎口夺食，又巧使金蝉脱壳之计，避开鸡群。现在，它一边看着那些饿昏了头的伙伴，为一颗果实滚来滚去，一边伸长了脖子，得意洋洋地高唱低吟。

“呱！呱！呱”山丁子树上，传来头鸡长角的晴天霹雳。立刻，漫山遍野的搏斗停止了，一只只羽毛纷乱、遍体鳞伤的褐马鸡，迅速回到山丁子树下，仰起乌油油的头颈，注视着它们的首领，渴望着更多的赐予。

居高临下，头鸡长角检阅着自己的队伍，它不停地转动头颈，看了一遍又一遍，令它疑惑不解的是，秋天里跟随它的几百只雄鸡和雌鸡，眼下只剩了不到一半！更令它迷惘不解的是，在救急的山丁子果被抢食一空之后，它将去哪里寻找食物、拯救自己所剩不多的子民？

远方，在迷茫的云雾背后，一团阴影，一团看不见摸不着，却令人恐怖的阴影，正向着云顶山逼近！

六千万年前，褐马鸡曾是一个蓬勃发展的种族，它们典雅矫健的身影，频繁出没在高山密林，它们重重叠叠的脚印洒遍广袤的黄土高原。乃至当人类出现在这个世界上时，也不能不对之刮目相看。单是中国人给它们起的名字，就有长长的一串：鶡、鹖鸹、鹤鸡、耳雉、角鸡、山鹅、青风、鹖鸡、黑雉、鸧……

曾几何时，环境变得险恶，世事变得艰辛，褐马鸡的领地被迫一缩再缩，只剩下一个孤孤零零的云顶山；褐马鸡的数量也越来越少，只剩下可怜巴巴的几千只。尽管如此，那团恐怖的阴影却还在紧逼，企图使这个古老悠久的种族陷入绝境。

“呱！呱！呱！”桀骜不驯的头鸡长角放声大叫。

“呱！呱！呱！”黑鸦鸦的鸡群对天齐鸣。

“呱——呱——呱——”山山岭岭的褐马鸡群遥相呼应。

这是所有幸存者的呐喊，似山呼海啸，地裂天崩，震荡群山；如泣如诉，如怨如怒，长久不息。这是一个濒危的种族，对生存的留恋，对灭绝的抗拒，对春天的呼唤，对繁衍的急需！

于是，积雪融化，冰河开裂，和风送暖，草木绽绿。死气沉沉的云顶山，在褐马鸡的喊叫声中开始苏醒。

二

金色的阳光射在舒缓的山坡上，灰白色的残雪中间，已铺出绿茸茸的草坪。一群褐马鸡黑鸦鸦地卧在草坪上，有意无意地啄食青草，心不在焉地望着头鸡。

头鸡长角卧在一块白色的大石头上，它一扫平日的威风，低声咕咕着，似乎在重复一个古老的道理。

聪明的雄鸡长脖首先站起，它笔直地挺着长脖，轻捷地迈开步子，离开了鸡群。那趾高气扬不可一世的样子十分惹眼，引得一只傲气十足的雌鸡追了上去，并且转动着一副黄灿灿的长喙，仿佛要和雄鸡长脖比比神气。一只瘸腿的雄鸡不紧不慢跟随其后，一年前，它在和雄鸡长角争当头鸡时摔伤了左腿，却不曾摔掉豪气，所以在分久必合、合久必分的时刻，它当然表现得深明大义。胆小的雄鸡大头紧跟在雄鸡瘸腿身后，是因为每逢危难关头，英武的瘸腿总会挺身而出。而那只黑褐色翅膀上，各有一枚花翎的小巧玲珑的雌鸡，紧跟在雄鸡大头身后，则是因为那个出类拔萃的大头的吸引。

雄鸡长脖一行的出走，引起了鸡群的骚动，草坪上的黑褐色海洋，开始喧腾，分散。三五成群的雄鸡和雌鸡互相呼唤着，组合着，离开了头鸡，离开了集体，向着别一面山坡走去。不一会儿，像大海退潮似的，舒缓的坡地上，重新露出了绿草茵茵。

然而，在那块白色的大石头旁，还剩下十几只褐马鸡。刚才，它们也曾振翅、起步，但不是远离，而是向头鸡靠拢。现在，它们就一动不动地卧在那里，任凭头鸡长角去高唱低吟。

稍顷，头鸡长角站起来，晃着威风凛凛的角羽，发出愤怒的叫声。于是，那十几只雄鸡和雌鸡也站起来，伸着脖子，瞪着眼睛，依然寸步不离。随着扑啦啦一阵巨响，头鸡长角从大石头上飞落下来，伸出尖利的长喙，照着一只雄鸡头上狠狠一啄，接着又去啄另一只雌鸡。草坪上再次骚动起来，十几个恋群的家伙被头鸡追着、啄着，发出惊愤的叫喊，不得不离开了山坡。但是，就在头鸡长角低下头去，用长喙整理羽毛的工夫，这些冥顽不化的东西，却又一只一只地溜了回来，难舍难分地望着头鸡，可怜巴巴地诉着委屈。尤其是那只懒惰的雄鸡歪嘴。居然摆出一副死皮赖脸的架势，卧在地上，半睁半闭地眯起了眼睛。

这一回，头鸡长角不再大叫，而是伸出长喙，没头没脸地朝雄鸡歪嘴啄去。起初，懒惰的歪嘴只是拼命地把头往翅膀里面缩，后来，实在招架不住，只好一蹿而起，夺路而逃。不料头鸡长角却不放过它，仍然穷追不舍，痛啄不已。这一来，雄鸡歪嘴被逼急了，便也梗起脖子，伸出歪嘴开始反击。然而，一向萎靡不振的歪嘴，哪里是头鸡的对手？何况它的嘴本来就歪，加上眼睛已被淋漓的鲜血糊住，所以，它的每一次引颈伸嘴，都无异于以卵击石。

实力悬殊的战斗很快便结束了。当懒惰的雄鸡歪嘴第一次不是因懒惰而躺倒在草地上时，草坪周围，那十几只恋群的雌鸡和雄鸡，在发出一连串的尖叫之后，早已飞快地钻进了树林，消失了踪影。

如释重负，头鸡长角开始用粉红色的长喙，精心地梳理着褐色的翅膀，白色的尾羽，准备迎接新生活的到来。

密密的树林中，一阵哗哗的响动，一只年轻的雌鸡，迈着沉静的步子走上草坪，雪白的长尾飘逸迷人，娇美的仪态典雅华贵，特别是那顾盼生辉的头颈朝着头鸡频送秋波的时候，几乎整个草坪上，都漾满了柔情蜜意。它，便是鸡群中最最美丽温柔的雌鸡凤尾。

谁能经得住美的诱惑呢？即使是威慑三军的将领。头鸡长角立刻挺胸昂首，一边晃动着神气的角羽迎上前去，一边含情脉脉地唱起了春歌。

“咕——咕——呱——啦——叽，呱——啦——叽……”

这是褐马鸡族特有的春歌，像高山流水，似大海扬波。在这抑扬顿挫的歌声中，雄鸡长角卸去了头鸡的使命，无拘无束，无牵无挂，和雌鸡凤尾一起，双双对对钻进了高山密林。

绿茵茵的草坪上，孤零零的只剩下躺在地上的雄鸡歪嘴，汩汩地流着鲜血。一只巨大的暗褐色的金雕，尖啸着，在高空中盘旋，随即便像箭一般俯冲下来……

三

高山融雪从冰帘似的瀑布底下，打着漩涡冲出来，在黄褐色的土地上，辟出一条清澈湍急的小溪。溪边的沃土上，茂盛的山韭菜、花葱、蒲公英，在料峭的春风里摇晃嫩绿，散发清香，招惹着漫步而来的鸡群。

雄鸡长脖曲颈低头，啄下一根肥厚的山韭菜叶。可是，还没等它抬起头来，一副黄灿灿的长喙便闪电般伸过来，飞快地夺了过去。好在草地上可食的美味很多，长脖便掉过头，又去啄另一片娇嫩的花葱。不料，那副黄灿灿的长喙立刻丢掉山韭菜，又来抢花葱。这一次，雄鸡长脖抬起头来，看看那只傲气十足的雌鸡，仍然大度地走开。岂知，雌鸡黄嘴意犹未尽，继续跟在后头，见食便抢，抢了又扔，仿佛在跟长脖赌气。这结果是便宜了机灵的雌鸡花翎，不用挑不用拣，随走随吃，又香又美又省力气。所以，当雌鸡花翎吃饱了肚皮时，雄鸡长脖却还根草未进。

大度的长脖终于发怒了，瞪起眼睛，竖起角羽，打算给黄嘴一点教训，恰巧这时，早已水足草饱的雄鸡瘸腿走了过来，并且慢吞吞地卧在长脖和黄嘴之间，抬头望望天，低头看看地，咕咕地叫着，仿佛在嘲笑什么，又仿佛在自言自语。于是，雄鸡长脖感受到天空的高远，怒气渐消；雌鸡黄嘴发现了水草的甜美，也不再赌气。吃饱了肚皮的雄鸡花翎便朝溪边走去，雄鸡大头正在那里饮水，那个出类拔萃的大头，正一起一落，俯仰自如，实在让雌鸡花翎入迷。

“咕——咕——呱——啦——叽，呱——啦——叽……”远处，是雄鸡长角的春歌。

“咕——咕——呱——啦——叽，呱——啦——叽……”四面八方，是无数雄鸡的回应。

机敏的雄鸡长脖立即停止觅食，一股原始的冲动，在它的全身奔窜，两片玫瑰花的脸面，变得更大更红。

它挺起胸，抬起头，竖起尾，健步来到雌鸡黄嘴面前，雄赳赳地唱起了春歌。谁知，傲气十足的黄嘴根本不把它的春歌当回事，反而不屑地转过脸，朝雄鸡瘸腿走去。瘸腿受宠若惊，脸面立刻变大变红，并且放开歌喉，把那支褐马鸡族久唱不衰的春歌唱得更加委婉动听。不料，雌鸡黄嘴仍不动心，又一次不屑地转过脸，优哉游哉地走开了。却剩下一对面红耳赤的雄鸡，脸对脸，头碰头，怒气难平。

于是，两只乌油油的头颈像一对铁钩似的弯起，怒目圆睁，角羽竖立，一起“呱！呱！呱！”三声大叫，一起恶狠狠发起进攻。长脖机智灵活，一啄一个准，瘸腿脸上顿时鲜血淋淋；瘸腿勇猛顽强，一嘴一绺毛，疼得长脖吱哇怪叫。两只雄鸡忽而冲锋，忽而后撤，在草地上转着圈子。几个回合下来，只见一地鸡毛，一圈血迹，二者竟不分胜负。

雌鸡黄嘴跟在两只雄鸡身边，观看这场由它引起的决斗，黄灿灿的长喙随着乌油油的头颈，忽左忽右，忽高忽低，像个一丝不苟的裁判，不时还发出咕咕咕的鼓励声。

于是，决斗开始升级。两只雄鸡怒目对视转着圈子，同时架起厚实的翅膀，张开雪白的尾羽。随着扑啦啦的响声，两团褐色的云雾腾空而起，碰撞，落地，分开；再腾空，再碰撞，再落地，再分开……从青草地到灌木丛到小溪边，杀得难解难分，不见高低。

终于，随着一声惨叫，一团云雾落下便不再腾起，而另一团腾起的则就势骑上，雨点般地啄了下去。幸亏雌鸡黄嘴及时大叫三声，才制止了你死我活的悲剧。

虽然羽毛凌乱，这里那里还露着渗血的肉皮，可雄鸡长脖仍然神采飞扬。当它带着胜利者的自豪，一边高唱春歌，一边朝黄嘴走过去时，后者不但不再走开，反而咕咕咕地应和着迎上来，仿佛是对强者的首肯和赞许。

雄鸡瘸腿艰难地站起来，它的瘸腿出卖了它的顽强和勇猛。透过眼帘上的血流，它默默地注视着雄鸡长脖和雌鸡黄嘴一起，钻进了灌木树林。它不追，不叫，不怨，不怒，雌鸡永远选择胜者，这是褐马鸡族天经地义的规矩。它慢慢地走到小溪边，将血肉模糊的头颅，一次又一次插进冰冷的溪水，一次又一次摇晃摆动，仿佛要将这新伤旧痛冲洗个干干净净。

当雄鸡瘸腿终于抬起头时，一眼看见了正在向着雌鸡花翎高唱春歌的雄鸡大头。一股本能的冲动，驱使着它毫不犹豫地冲了上去。

破天荒第一次，胆小的大头没有望风而逃，是因为雌鸡花翎的深情厚意？还是因为受了伤的瘸腿已不堪一击？于是，小溪边的草地上，又有了一场你死我活的遭遇战。瘸腿虽然行动不便，却绝不嘴软；大头虽然生性胆怯，却有强壮的体力。终于，瘸腿渐渐不支，大头就要获胜，而雌鸡花翎也将作出公平的选择。突然，在一千米的高空，掠过一个黑影，金雕的尖啸声，像惊天动地的霹雳。眨眼之间，胆小的大头就钻进了灌木林，比雌鸡花翎跑得还快，小溪边只剩下行动不便的瘸腿，一边仰头注视天空，一边呱呱大叫，准备着决一死战。幸而这只金雕刚刚饱餐了雄鸡歪嘴，只是在空中要要威风，便销声匿迹了。

不过短短的几分钟，雄鸡瘸腿便戏剧般地成了英雄。当小巧玲珑的雌鸡花翎，撇下那个曾经使它迷恋的出类拔萃的大头，径直向雄鸡瘸腿走去时，灌木林中的雄鸡，悲哀地低下了头。

“咕——咕——呱——啦——叽，呱——啦——叽……”雄鸡大头一边凄凉地叫着，一边踽踽地走了。这只胆小的雄鸡，不缺强健的身体，不少澎湃的春情，可它到哪里去寻找自己的伴侣呢？当一对对的雄鸡和雌鸡，从它面前亲亲密密地走过时，它只是没完没了地唱着那支世代相传的春歌，而这春歌在它的嘴里，也渐渐变成了绝望的哀歌，伴着它的形只影单，翻山越岭……

四

五月的骄阳，终于使高原变得绚丽。

云杉树摇着紫铃铛，落叶松晃着花绣球，雪白的鼠尾草在草丛里躲躲藏藏，火红的毛榛子花在枝头闪闪烁烁，满山遍野的山桃花、山杏花、毛樱桃花、山丹丹花盛开怒放，晶亮清澈的小溪水叮叮咚咚，春意盎然的云顶山，释放着生的活力，褐马鸡们的蜜月就在这大好春光里度过。

在双双对对形影相随的日子里，雄鸡们总是表现得格外优秀。白天，它们不辞辛苦，积极地寻觅最最肥美可口的食物，是为了雌鸡们享用；傍晚，它们不避艰险，精心地选择最最安全舒适的树枝，也是为了雌鸡们栖宿；即使在夜间，雌鸡们沉沉熟睡之后，它们也时时惊醒，一旦发现敌情，便呱呱大叫，掩护雌鸡逃跑。

在双双对对悠闲漫步的日子里，这一对和那一对在丛林中相遇了，两只雄鸡就会彬彬有礼地对唱一支春歌，然后分道扬镳。一个家族占领一道山坡，这也是褐马鸡族的规矩，谁敢冒犯别人的领地，只能遭到迎头痛击，甚至丢掉生命。当然，在这一年一度最最甜蜜的日子里，谁又会去自讨没趣呢?

当浪漫的蜜月匆匆流逝之后，雌鸡胖了，格外富态雍容，开始筑窝产卵；雄鸡瘦了，更加精悍灵敏，开始警戒巡逻。像天公和地母各司其职，共有一个世界那样，雄鸡和雌鸡也在依照造物的安排，同心协力，营造自己的家族。

每年这时，就像拦不住的节令一样，便会有一群群浑身漆黑的乌鸦，铺天盖地而来。这些不祥的禽类，哇哇地怪叫着，或成群结队地示威，飞翔可遮蔽天空，降落使绿树变色；或单枪匹马，四处骚扰，像无数颗子弹在呼啸穿梭。

于是，凡是有乌鸦起落的地方，又会响起雄褐马鸡的呱呱大叫。特别是在群鸦噪林的时候，云顶山上又会响起山呼海应的群鸡齐鸣。不过，这叫声不再是柔情荡漾的春歌，而是尖厉刺耳的警报，通知隐蔽处的雌鸡们，保护好自己的鸡卵和窝巢。

当雄鸡长角发出警报时，雌鸡凤尾正在一条清亮的小溪旁饮水，它那丰满起来的身子变得瘦削，美丽的尾羽更加修长。产卵的损耗，抱窝的艰辛，迅速消蚀着它的体力，而这一天一次匆匆忙忙的出外觅食，又怎么能够弥补万一？何况就连这仓促的进食，也常常被频繁的警报声所打断呢？

雌鸡凤尾不敢怠慢，马上飞奔回窝。然而，当它来到那片落叶松和栎树的混交林，钻进那个藏在绣线菊和胡枝子紫棚下的窝巢时，里面已是空空荡荡，四枚淡青色的鸡卵不翼而飞。

几堆空空的蛋壳，点缀在绿色的草丛里，打眼醒目。两只乌鸦并立在落叶松的枝干上，哇哇地引吭高歌，漆黑的嘴角边挂着一丝蛋黄，好像得意的微笑。

愤怒的凤尾腾空而起，朝乌鸦扑去。可是，等它拖着长长的尾巴落到树枝上时，两个狡黠的窃贼早已逃得无影无踪，连叫声都听不见了。

“呱！呱！呱！”悲痛欲绝的雌鸡凤尾大叫三声从树上飞落，又钻进了那个由绣线菊和胡枝子搭起的紫棚，用尖尖的长喙在窝里窝外，仔仔细细地翻翻拣拣。当它终于确信自己的后代已无一幸免时，这只美丽温顺的雌鸡竟像疯了一般，一口气将那个还带着自己体温的窝巢撕了个粉碎，随即便昏死在凌乱的柴棚边。

下雨了。淅淅沥沥的春雨滋润着焦躁的灵魂。

起风了，徐徐吹来的春风抚摸着痛苦的肉体。

当雌鸡凤尾醒来的时候，雄鸡长角正站在它的身边，咕咕地叫着，仿佛是一个体贴的慰安。

不是吗？山还在，树还在，春天还在，它们为什么不能重新建筑一个窝巢，重新生育自己的后代呢？

于是，迎着风，冒着雨，两只含悲忍痛的褐马鸡，一个竖起桀骜不驯的长角，一个拖着美丽温顺的凤尾，双双对对，走进了更深更密的树林。

五

一棵如伞如盖的古树下，一凹浅浅的石洞，像张开的嘴巴，含着一个盛有八枚鸡卵的窝巢。洞前堆积着参差的枯木，既可遮风挡雨，又能不露痕迹。洞内，雌鸡花翎安卧巢中，既无后顾之忧，又可洞察敌情。既然有这么个得天独厚的居处，雌鸡花翎的行动也就比凤尾们自由得多。它可以一天两次出外补给营养，而且不必匆匆忙忙。现在，当雄鸡瘸腿发出尖长的警报声时，花翎正在附近的草地上伸懒腰。它立即发现一只乌鸦像黑箭似的落在洞前的枯枝上，贼头贼脑地窥探着。机灵的花翎并不声张，只是悄无声息地走过去，趁着那个黑脑袋伸进枯枝中的一瞬，照着乌鸦的屁股就是狠狠的一啄。随着“哇”的一声惨叫，乌鸦在枯枝上扑腾了几下，仓皇逃走了。

花翎吐掉嘴里的一绺黑毛，从容不迫地跳上枯枝堆。它用红玉般的长喙一个又一个地翻捡着淡青色的鸡卵，一个不少，一个不破。它满意地咕咕着，将八只卵全部置于温软的腹下，眯起了眼睛。就在这时，密林中又一次传来雄鸡瘸腿的警报声。花翎立刻瞪圆双眼，抖擞脖颈，警惕地环顾四周。

前方，一团深黄色的毛球在茂密的黄刺玫丛中晃动，接着便露出两只毛茸茸的耳朵，一对骨碌碌的眼睛，还有一个湿漉漉的长嘴。是狐狸！雌鸡花翎浑身一振，要想以它孱弱的身躯去战胜狐狸保护鸡卵，根本不可能。逃吧？只能暴露目标。躲呢？三面石壁毫无退路。绝望的花翎，只是紧紧搂定那八枚鸡卵，等待着同归于尽的时刻。

就在这时，仿佛天兵天将，一团褐色的云雾飞落在山洞前，随着“呱！呱！呱”三声大叫，雄鸡瘸腿昂首挺胸，赫然站立，挡住了狐狸的去路。于是，贪嘴的狐狸不再寻寻觅觅，毫不犹豫地朝雄鸡扑去。而雄鸡瘸腿则呱呱大叫着，时而健步如飞，时而腾空而起，渐渐将狐狸引向远离山洞的密林。

化险为夷，雌鸡花翎小心翼翼地站起身，再次用红玉般的长喙翻动淡青色的鸡卵。一个不少，一个不破。它又咕咕地叫着，重新卧下，等待雄鸡瘸腿的归来。

月亮上来了，冷冷地，将高大的落叶松，铸成千万把阴森森的利剑，将洞前的枯枝、洞中的花翎冻成一组冰雕，却唯独不见雄鸡瘸腿的身影。

太阳上来了，暖暖的，百鸟欢歌，群鸦噪林，一坡又一坡巡逻警戒的雄褐马鸡频频发出警报，可雌鸡花翎的山洞周围却是静悄悄的，唯独不闻雄鸡瘸腿的声音。

当太阳快要下山的时候，雌鸡花翎不再安静地等待，它轻灵地跳到山洞前的枯枝堆上，用尖尖的长喙拣来细长的枯枝，一根一根盖在椭圆形的鸡卵上，直到鸡巢和枯枝堆混为一体。然后，它从枯枝堆上飞下来，急急忙忙地朝着前一天雄鸡瘸腿消失的方向走去。

花翎走得很快，因为它不用寻路，在雄鸡瘸腿经过的地方，起初是一片片一团团褐色和白色的鸡毛，后来便有了紫红紫红的血滴。终于，在一棵苍翠的云杉树下，花翎站住了。那里有一摊血迹，粘着一堆长长短短、软软硬硬的鸡毛。一个双目圆睁的鸡头，闭紧的长喙叼着一团深黄色的狐狸毛。两只珊瑚色的曾经写过无数“个”字的脚爪拳着，其中一只还攥着一颗血淋淋的狐狸眼珠。

花翎咕咕地哀鸣了几声，随即用尖尖的长喙将那些凌乱的鸡毛，一根根理顺堆好，又将那个鸡头和两只脚爪，一起放在鸡毛堆上，它自己则安详地卧在一边，眼巴巴地望着这一堆残骸，仿佛在等待雄鸡瘸腿的再生。

过了很久，奇迹没有出现，反倒招来一群乌鸦云集空中，贪婪地哇哇大叫。

这叫声惊醒了花翎，它猛地站起身，迅疾朝自己的窝巢飞奔。

山洞前的草地上，已经有了两个破碎的蛋壳，两只漆黑的乌鸦正站在山洞边，撷取第三枚战利品。气急败坏的雌鸡花翎在十米之外便张开翅膀，呱呱大叫着扑过来。一只乌鸦慌忙用长嘴夹起一枚鸡卵便逃，结果是鸦飞蛋打，一败涂地。另一只乌鸦急中生智，将尖嘴穿进蛋中，挑起来，一边畅饮，一边高飞。

花翎已经顾不上和乌鸦计较，一头扑进窝巢，急忙翻翻捡捡，可怜那八枚鸡卵只剩下一半！它又用长啄反反复复地查检，几乎把窝巢啄穿，仍然是只有四枚。

“呱！呱！呱！”像凤尾一样，花翎发出了母性的悲鸣，但回答它的却没有风声，没有雨滴，更没有雄鸡的宽慰。只有沉重的暮色漫过死寂的枯枝堆，只有淡青色的鸡卵躺在窝巢中听天由命。

于是，孤苦伶仃的花翎不再悲鸣，也不再等待，而是默默地将四枚鸡卵拢在一起，端端正正地卧了上去。

三天五天，昼夜更替，雌鸡花翎守着自己的后代寸步不离。干渴难忍，它把尖尖的长喙插进石缝中，吸吮泥土的湿气；把短短的舌尖贴在石壁上，舔食阴凉的地衣。它那红玉般的嘴壳已伤痕累累，娇嫩的舌头布满血丝，它却继续吮着舔着，为了保全性命。

十天八天，物换星移，雌鸡花翎守着自己的后代寸步不离。饥饿难熬，它就啄食枯枝上白色的霉菌，而当这霉菌被吃光后，它又剥食枯枝的树皮。霉菌的气味令它作呕，干硬的树皮卡住喉咙，它却拼命地吞着咽着，为了填饱肚皮。

漫长的二十天里，有多少次，花翎昏死在自己的窝巢里，而每次醒来的唯一举动就是察看鸡卵的好坏得失。对于此刻的花翎来说，除了自己的后代之外，便没有天，没有地，也没有了自己。

终于，雌鸡花翎的翅膀下钻出一团毛绒绒的小东西，接着是第二团、第三团、第四团。这些丑陋的小生命绝不像它们的父母，没有修长的尾巴，没有神气的角羽，短短的嘴，钝钝的脚，连身上的毛色也是黄一块、白一块乱七八糟。不过，这并不影响它们的机灵。四只小鸡一齐来到花翎面前，站在窝边上，一边蹦蹦跳跳，一边“叽叽叽”地歌唱。

于是，又一次昏死过去的花翎被这稚嫩美妙的声音唤醒了。它眨眨眼睛，轻轻咕咕两声，便颤颤巍巍地从窝巢里爬出来，悠悠忽忽地从枯枝上滚下去。肥美鲜嫩的青草就在脚下，叮咚作响的溪水就在近旁。它先是伸出残破的长喙，歇斯底里地啄食，直到嗉子鼓起来歪倒一边；接着，又走到溪水边，俯仰着细弱的脖颈，没完没了地畅饮，直到喉咙里发出咕噜噜的响声。

于是，心满意足的雌鸡花翎抖擞脖子，振动翅膀，咕咕咕地呼唤自己的子女。于是，小绒团闻声而来，欢呼雀跃，围住了它们的老母亲。于是，“叽叽叽”，“咕咕咕”，蓝天下，密林边，一老四少载歌载舞庆贺着一个新的褐马鸡家族的诞生。

突然，像一根崩断的琴弦，鸡群中发出一个尖厉的不和谐音。接着，雌鸡花翎像一堆茅草似的倒在地上，它那个刚刚鼓胀起来的嗉子裂开了。一团尚未消化的青草，一汪尚未暖热的清水，混合着流淌出来，重新回到青青的草地，重新渗入清凉的小溪。而那四个刚刚出世的小生命，也便成了无依无靠的孤儿。

六

一场昏天黑地的暴雨，挟着惊雷闪电，送来了咄咄逼人的夏季。缤纷的鲜花被撕光扯净，撒落在地上化作烂泥。暴涨的溪水携泥沙俱下，将溪边的灌木，草丛连根拔起。被雷电拦腰劈断的大树，尸横遍野，恰似祷告上苍的香烛。从此，太阳变成一个火球，无尽无休地喷吐炎热。强烈的紫外线无处不在，很快就使云顶山变得蓊郁葱茏。

为了躲避酷暑，一个个褐马鸡家族开始向海拔两千米的山顶迁移。在此起彼落的咕咕、呱呱声中，又加进了叽叽叽的童音，给闷热的夏日山林，增添了许多乐趣。

在树影斑驳的林间空地上，一个一米高红色土堆赫然矗立，一个个白色的蚂蚁卵，芝麻粒般遍缀其间，似一堆天赐美味，吸引了雌鸡黄嘴。这只劳苦功高的雌鸡，居然养育出八只小鸡，在所有的褐马鸡家族中，是绝无仅有的。难怪它的胸脯挺得更高，脖子伸得更长，黄灿灿的长喙也更加闪闪发亮。

在雌鸡黄嘴的带领下，八只小鸡一拥而上，围着红土堆抢食白色的蚁卵。这突如其来的袭击，惊动了黑色的大蚂蚁，它们纷纷从土堆里爬出来，却并不尝试保护自己的后代，而是惊慌失措，仓皇逃窜。不过，尽管它们有八条腿，又哪里跑得及？于是，活泼天真的小鸡们不再满足于啄食静止的蚁卵，反而四处奔跑，去追那些逃窜的黑蚂蚁。每啄中一只，便叽叽叽地欢呼，振一振短小的翅膀，表示出无比的得意和新奇。

雌鸡黄嘴始终照应这些小东西。谁跑得太远，它会大声警告唤其归来；谁啄得又快又准，它又会轻声发出鼓励。那只最小的才出壳几天，跟在别个后头跑来跑去竟一无所获，它就将一只啄得半死的黑蚂蚁，放到小家伙面前，供它练习。那两只最大的嘴巴已变得尖长，羽毛也变得坚硬，正为争食打斗，它就走过去，用黄灿灿的长喙，将它们分开隔离。

在这个热热闹闹的大家族里，唯独不见了雄鸡长脖。在几天的迁移途中，雄鸡长脖总是脱离集体。天蒙蒙亮，它就一团云雾似的从树上飞下来，咕咕地叫上几声，一会儿就没了踪影。天擦黑，不论自己的家族走到哪里，它又会突然出现在它们身边，还是咕咕地叫上几声，便上树栖息。对于这位流浪汉似的伴侣，雌鸡黄嘴毫不介意，它只是全心全意保护着自己的小鸡。偶尔，放浪形骸的雄鸡长脖从远处唱出几声莫名其妙的春歌，雌鸡黄嘴便不屑地扭扭头摆摆嘴，决不理睬。

炽热的阳光，把林间空地变成一个烤炉，追逐奔跑的小鸡们，终于歪着嗉子跑了回来，没头没脑地往雌鸡黄嘴翅膀底下钻。它们认为那个温软的地方，不但安全舒适，还能避暑驱寒。黄嘴尽力张开翅膀，要拢住八个日渐长大的小东西可真不容易。于是，翅膀下就有了一阵阵的骚动。屁股露在外边的拼命往里挤，闷得喘不过气来的又使劲向外拱。十六只翅膀推推搡揉，十六只脚爪八下八上，大大小小的鸡娃乱成了一锅粥。雌鸡黄嘴任腹部被突突的脚爪抓着搔着，却不动弹，仿佛熟睡似的闭着眼睛，不时还发出舒坦的哼哼。

一条一米长的蝮蛇，像一股浊流，无声无息地从草丛中滑出来，灰褐色的身上闪着黑白相间的斑点，仿佛粼粼的波光。它绕到红色的土堆背后，稍停片刻，便抬起三角脑袋，吐出细长的舌头，准备偷袭。就在这时，雌鸡黄嘴突然惊醒，大声发出警报。八只不安分的小鸡同时从老母鸡的腹下钻出来，跌跌撞撞地藏进了它身后的灌木林。

蝮蛇岂肯罢休？但就在它逶迤着身子追上去时，尾部被一只尖利东西狠狠地啄中了。蝮蛇痛苦地蜷缩起来，同时掉转脑袋向雌鸡黄嘴扑去。

这是一场艰苦卓绝的拼搏。起初，黄嘴居高临下，对准蝮蛇颈部，闪电般地猛啄。接着，蝮蛇甩动身子，一绕两绕便像绳索似的缠住了黄嘴的头颈。从此，搏斗演变为恶性循环的挣扎。缠颈的窒息使黄嘴更加拼命地去啄蝮蛇；而被啄的巨痛又使蝮蛇将鸡颈缠得更狠更紧。要不了多久，雌鸡黄嘴便扑倒在地上，可它那只黄灿灿的长喙却仍然一刻不停地啄着啄着，直到蝮蛇终于放轻了纠缠，一根草绳似的瘫软下来。

三只乌鸦飞落枝头，觑视着，准备分食尸体。八只小鸡在灌木林中挤作一团，哭喊着，孤苦伶仃。

忽然，雌鸡黄嘴颤颤悠悠、颤颤悠悠，居然站了起来。它挺起胸，伸直颈，昂起头，仍然一副傲气十足的样子。只是精致的头颈像充气似的膨胀起来，挑着条灰褐色的死蛇。白色和褐色的毛羽混在一起，根根竖立。远远看去，就像一个凶神恶煞的怪物。

三只乌鸦吓跑了，哇哇地尖叫。八只小鸡钻出灌木林，又挤进了那个温软腹下。

雄鸡长脖终于踏着暮色归来了。它围着那个怪物转着，咕咕地叫着，然后，伸出长喙去拽那条死蛇。不料，这一拽，那怪物也随之倒地，变成了僵死的雌鸡黄嘴。

一群失去庇护的小鸡，叽叽地叫着，又争先恐后朝雄鸡长脖腹下钻。起初，长脖只是呆若木鸡，不知所措。接着，它便像雌鸡黄嘴一样张开了翅膀。

从此，雄鸡长脖那自由自在、放浪形骸的生活便结束了。也就是说，面对着八只嗷嗷待哺的小鸡，它已经别无选择。

七

这是个晴朗的好天气，夏日的小溪难得的温柔和恬静，清亮的水花在圆溜溜的鹅卵石上吻出一串酒窝；三三两两的落叶，在水流中忽上忽下尽情嬉戏。

溪边，雌鸡花翎的四个遗孤正站成一排饮水。不到十天的时间，这些小东西就变得认不出来了。它们不再是毛绒绒的一团，脚杆长高，身子拉长，短短的小嘴变成坚硬的长喙。当它们用这长喙梳理翎羽时，又会摩擦出响声。不过，它们仍然没有修长的尾巴、神气的角羽和白褐两种协调的色彩。仍然是些棕色和黄色随意涂抹的丑小鸡。不但丑陋，和其它家族的小鸡相比，它们还显得愚笨无比。它们喝水时，嘴巴插进水中，倒是吸了满满的一口，可仰起头来，那甘甜的溪水就从两边的嘴叉流了出去。别的小鸡十次八次就能饮足喝够，可它们一连俯仰几十次也只能润湿喉咙。它们觅食的方式也很可笑。除了青草，竟不懂得蚂蚁卵才是最最甜美的食物。而就是啄食青草时，也不懂得选择。碰上肥美的天蒜、名葱或野韭菜，自然大吃一顿。可碰上乏味的花葱、梅花草或绣线菊，也依然津津有味，决不嫌弃。几天来，它们也像别的家族一样，一步步朝高山上迁移。但这决不是因为它们知道山上比山下更加凉爽舒适。它们唯一的目的就是逆流而上，走到小溪尽头，以便绕到对岸，去寻那不时发出“呱呱呱”或“咕咕咕”叫声的成鸡。可谁又知道，这源源不断的溪流，竟像通天的长河，总也走不到尽头呢？

现在，当四只小鸡又在水边做着无尽无休的俯仰运动时，小溪对面的密林中，又传来咕咕咕的叫声。小花翎们立刻停止喝水，瞪起圆溜溜的眼睛。当它们看到一个雪白飘逸的长尾在绿色的灌木丛中闪动时，便拼命地发出叽叽叽叽的呼叫。

也许是溪水太响，也许是距离太远，那闪动的尾巴越来越小、咕咕的叫声也渐渐远去。一只小花翎终于按捺不住，急切地将细长的腿伸进小溪。立刻，它就被湍急的水流扯了个大跟头。它急忙站起来，抖掉身上的水珠，又架起两只短小的翅膀，拼命朝前一冲，一眨眼，就落在了溪流中一块突起的大石头上。

岸上的小花翎惊呆了，发出尖叫。石头上的小勇士却神气十足地摆摆头，接着朝前面的大石头猛冲。这一回，它还没到达目的，就被一团溅起的浪花紧紧裹住了。只见一个棕黄色的漩涡随飞流直下一瞬即逝，只留下一缕叽叽叽的余音，在温柔恬静的小溪上久久萦绕。

岸上的小花翎惊呆了，一声不响地站了很久。然后便一齐顺流而下，去追那个棕黄色的漩涡。

天黑了，三只筋疲力尽的小花翎终于失望地停住脚，钻进了岸边的灌木丛。不过，沉沉的黑夜带给它们的不是睡眠和休息，而是没完没了的恐怖。一阵风，一声啼鸣，甚至一片落叶，都是一种惊吓，而它们却只能无助地挤成一团，瑟瑟地抖个不停。

天亮了，小溪对面又传来咕咕声的诱惑。三只小花翎立即忘掉了悲伤，忘掉了恐怖，从灌木丛中跳出来，抖掉身上的露珠，逆流而上，继续赶路。

也许是心诚所致，溪水忽然变得狭窄起来。接着，一块条形石块便横架在小溪上，像一道窄窄的石桥。三只小花翎欢呼起来，振动着短小的翅膀，连飞带跑地越过小溪，朝发出咕咕叫声的方向飞奔。

林间小路上，一只威武的斑斓猛虎，正迈着四方步去溪边饮水。它似乎发现了三个蹦蹦跳跳的活物，可怎么眨眼间就变成一堆棕色的腐叶了呢？它来到那堆腐叶上，捯换着四只脚，转了几个圈子。不要说活物，连一点声音都没有。万籁俱寂，表示着对山大王的臣服。于是，猛虎发出一声得意的长啸，继续迈着四方步向溪边走去。

很久，很久，当小鸟重新婉啭枝头，当密林里又传来咕咕咕的叫声，那堆棕色的腐叶发出一阵轻微的响动，钻出一只战战兢兢的小花翎。接着，在离它五十厘米处，又钻出了探头探脑的第二只。天下太平，连一只乌鸦都没有。两只小花翎叽叽地叫起来，庆幸自己的死里逃生。可那第三只呢？两只小花翎开始东一嘴、西一嘴地刨着腐叶，终于找到了它们的同胞。

很难说它是活着还是死了。它侧身躺在潮湿的土地上，绵软的羽毛黯淡无光，细瘦的腿脚笔直僵硬，一团红、白、黄、黑的肠子，从肛门处挤出来，粘着星星点点的叶片和泥土。只有一双眼睛在闪光，一副长喙在痉挛，似乎在拼命地咬住痛苦。现在，当它接受到天下太平的信息时，终于发出了声嘶力竭的惨叫。这叫声震得树叶簌簌落下，大地微微战栗，两只小鸡也忍不住发抖。天知道，当猛虎的脚步踏在身上时，它是靠了什么才没叫出来。

受伤的小花翎晃动着脚爪，蠕动着身子，试图站起来。每一次尝试都会引起全身的痉挛，它仍然一次又一次地努力着。终于，它居然站了起来，而且可以拖着那一团粘着叶片和泥的肠子，跟在两只小花翎身后，去追赶那个咕咕的叫声了。眼看着不远的前方，一条雪白飘逸的长尾在晃动，受伤者痛苦的叫声加大了，并掺进了希望和欢欣鼓舞。

就在这时，两只乌鸦从天而降，落在树枝上，寻找着攻击的对象。两只小花翎迅速钻进灌木丛，踪影全无。只可怜那只负重累累的小花翎，尽管拼尽全力，又哪里跑得动？当两副漆黑的尖嘴，将那团血淋淋的肠子扯成一根长绳时，一个执著的生的渴求，才随着一声撕心裂肺的哀号，消失在夏日的天空。

八

秋天是携着果实来的。野刺玫结果了，挂一树红色的小葫芦；野山楂熟透了，压一顶沉沉的天棚。深蓝色的枸子果是潋滟的小湖，紫红的山丁子果是玛瑙的小丘。还有那向阳坡上，一片片、一坨坨、黄灿灿、光闪闪的沙棘果。给蓊郁葱翠的云顶山注满了丰收的喜悦、成熟的欢乐。

在这收获的季节里，小鸡终于长成了大鸡。丑陋的服饰变得典雅华贵，蹒跚的步态变得沉着从容，叽叽的叫声也变成了咕咕咕或呱呱呱。从早到晚跟在老鸡身后，四处游荡，好不神气。

在所有的褐马鸡家族中，长角一家怕是最幸福美满的。雄鸡长角有统领三军之威风，雌鸡凤尾有百鸟朝凤之风采，而那四只已经长成的小鸡，既有长长的桀骜不驯的角羽，又有长长的仪态万方的凤尾，集父母之大成，显造物之神奇。

一棵矮小的果实累累的野刺玫树下，雄鸡长角正在教三只小凤尾跳跃啄食。只见它昂首引颈，双目凝神，再屈膝、伸腿、展翅、跳起。落地时，那坚硬的长喙间便含了一颗鲜红晶亮的野刺玫。于是，三只小凤尾骚动起来，学着雄鸡长角的样子，直扑树上诱人的果实。然而，这些性急的小家伙，上上下下，扑扑腾腾地跳了好半天，累得东倒西歪，仍是一无所获。这时，雄鸡长角又开始示范，它一连跳跃了三次，那雄健的身姿，优美的弧线，特别是三颗滚地而来的野刺玫，给三只小凤尾鼓了劲，提了神。

终于，一只小凤尾啄中了一颗果实，而另外两只便毫不犹豫地扑过来争抢。三个小家伙你争我夺滚成一团，决不亚于父辈的水平。不过，那颗红色的果实滚来滚去，最终滚到了按兵不动的长角身边。

三只小凤尾眼巴巴看着雄鸡长角吞食了那个美味，却只是发呆。直到雄鸡长角又一次以健美的姿势去啄取树上的果子时，三个小家伙才恍然大悟：树上有的是美味佳果，又何需去抢去争呢？于是，红彤彤的野刺玫树下，四只矫健美丽的褐马鸡，频频跳跃，此起彼落，跳起了欢快的丰收之舞。

离这棵野刺玫树不远，一棵青翠欲滴的云杉树下，安详宁静地卧着一老一小两只凤尾。曾经被分娩和抱窝折磨得憔悴不堪的雌鸡凤尾，如今在丰富多汁的浆果滋补下，重新变得毛色鲜亮，绰约多姿。而它身旁那只最小的小凤尾，则色彩更加明丽，体态更加俊美，特别是那两根高高挑起的尾羽，像两条系着褐色翎子的丝绸飘带，远远地拖在身后，飘逸，逶迤，小小年纪便以其超凡脱俗，胜过了它的母亲。不过，这长长的尾巴虽然给最小凤尾带来了出类拔萃的骄傲，却也带来了意想不到的烦恼。一个星期前，那三只小凤尾就学会了飞到树上，栖息过夜。而它呢，总是因为那条长长的尾巴，沉甸甸地坠着它飞不起来，上不了树。为此，它只能继续在树下过夜，而树下的危险比树上大得多。为此，在小凤尾们开始享受跳跃啄食的刺激和美味时，它却还在重复这乏味的动作，失败的结果。

也许是对最美丽的小凤尾的溺爱，也许是普天下母亲具有的共性，雌鸡凤尾显得比最小凤尾更有耐心。这时，它咕咕地叫了两声，站起身，头颈上伸，尾羽下压，然后跳起，鼓翼，一团云雾便定定地落在了云杉树一根两米高的侧枝上。接着，它又拖着长长的凤尾，绕着云杉树渐渐升高的枝干，半跳半飞地盘旋而上，不一会儿便出现在十米高的树顶。那潇洒的姿势，那优美的步态，以及居高临下的神气，使树下的小凤尾看得发呆。于是，它也学着老凤尾的样子，奋力朝那根两米高的侧枝上飞去。结果，又是那太长太重的凤尾，把它从空中拽了下来。

泄了气的最小凤尾赖在地上不起，恰好被三只饱餐归来的小凤尾看见。于是，它们挺着胀鼓鼓的嗉子，围着这只最小最美又最笨的同胞，又叫又唱，又舞又跳，仿佛是一种幸灾乐祸。而当它们闹够了之后，一只小凤尾腾空而起，落在云杉树上，又与地面的两只，忽高忽低、忽慢忽急地对唱起来，又仿佛是一曲嘲讽之歌。

最小凤尾终于被激怒了，它一抖身子站了起来，伸出尖尖的长喙就去啄地上的两只小凤尾。起初，两只小凤尾只是绕来绕去地和它兜圈子。后来，或许是因为厌倦了，或许是因为暮色将临，两只小凤尾也扑啦啦地扇动翅膀，飞上了云杉树枝。接着，三个洋洋得意的家伙，便一个跟一个地盘旋而上，不一会儿就和安详的老凤尾齐头并肩，站在了十米高的树顶。

开始，被戏弄耍笑一够的最小凤尾，只是一动不动地呆站着。接着，只见它爆炸似的腾空而起，一下就抓住了那根两米高的云杉枝。这意外的成功引得树上的雌鸡凤尾、树下的雄鸡长角，一起大声欢呼起来。遗憾的是，它们的叫声未落，小凤尾便在树枝上前仰后合地晃了几下，一头栽回了地面。有什么办法呢？又是那条确实漂亮又实在太长的尾巴，破坏了它的平衡。

但不论怎样，这总是一个良好的开端，所以地上的雄鸡长角就以十分迅速、准确和雄健的姿势，飞上了云杉树，再次给小凤尾示范。而小凤尾呢，也信心十足，一而再、再而三地起飞。然而，不管怎样努力，它还是失败了。不是因为长尾，而是因为青翠的云杉树融进了淡蓝色的暮霭，那根两米高的树枝已经模糊不清了。不幸的小凤尾，看来它又得在地面上过夜了。这时，树上的雌鸡凤尾便扑啦啦地飞了下来。有什么办法呢？只要还有一只小鸡不上树，它就得相跟相随地陪伴到底，这也是褐马鸡族千百年沿袭下来的规矩。苍天保佑，但愿这是最后的一夜。

黑暗降临了，没有星没有月，没有天没有地，没有大树也没有小溪，整个宇宙模糊一团，仿佛回到了混沌时期。

黑夜漫无尽头，在这万物昏睡的寂静中，潜行着死亡、瘟疫、寒冷，以及一切自然和超自然的恐怖。

黑夜终于过去，就在林中飘来第一缕晨雾，天边出现第一抹晨曦时，天地再现，万物复苏。

高高的云杉树上，雄鸡长角醒了，咕咕地叫着。三只小凤尾也醒了，咕咕地应着。按着，便扑啦啦地飞落到地面上。

“呱！呱！呱！”雄鸡长角亮开歌喉，大声宣告新的一天来临。在新的一天里，最小凤尾将学会上树。从新的一天开始，长角的家族将会日日厮守，夜夜团聚，永不分离。

谁知，这美好的祝愿和憧憬，竟得不到一点反响。雄鸡长角只好带着三只小凤尾，去寻找那两个贪睡的家伙。

在茂密的灌木旁，乳白的浓雾中，侧卧着一大一小两只美丽绝伦的褐马鸡。长长的尾羽迤地而去，似缥缈的白云；红珊瑚的脚爪伸得笔直，似着意的探取；黑褐色的翅膀打开，是酣睡时的舒展；红玉般的长喙微张，是睡梦中的呓语。特别是那绕颈而过的雪白的角羽，竟变成了鲜红的项链，在飘来荡去的雾气中，显得迷离神奇。

经验丰富的雄鸡长角立刻警觉起来，直奔那条鲜红的项链。果然，在项链的下方，是一地凝固了的斑斑血迹。毫无疑问，是一只趁着黑夜潜行的豹猫，在吸光喝净了两只褐马鸡的鲜血之后，早已扬长而去。

面对突如其来的打击，雄鸡长角伸出长长的头颈，仰天呼号。然而，只见它的嘴不停地张合，却发不出一丁点声音。谁能相信，那个曾以惊天动地的叫声号令三军的头鸡，竟会在转眼之间变成了哑鸡！

三只小凤尾用长喙温柔地拨动着最小凤尾的尸体，仿佛忘记了昨晚的嘲弄和耍戏。过了很久，直到它们确信，那个可怜的小同胞，再也不会站起，再也不会生气时，才咕咕地叫着，向雄鸡长角靠拢，诉说着无尽的悲哀和恐惧。

雄鸡长角默默地立在雌鸡凤尾身边，直到三只小鸡围过来时，它才如梦方醒。而就在它扭头面对儿女的一瞬，它头上那对桀骜不驯的长角，突然像折断的利剑，耷拉在耳边，从此不再竖起。

九

天凉了。天空变得明净高远，山风变得清冷侵肤。栎树叶变红，桦树叶变紫，杨树叶金黄，落叶松黄绿，一起飘飘荡荡地落下来，搅起一个个五光十色的漩涡，去寻找它们的归宿地。

黑鹳、蓝翡翠、夜莺、红尾水鸲飞走了，去求南方的温暖。大鵟、猎隼、赤颈鸫、白头鹀飞来了，来寻云顶山的刺激。

在严峻的冬季到来之前，芸芸众生都在重新调节自己的节奏。

当初，为躲避酷暑而迁往高山的褐马鸡们，也开始向低山阳坡转移。密林深处，一个个家族互相呼唤；路边灌丛，一队队身影行色匆匆。

在四只小花翎曾逆流而上的小溪旁，顺流而下，走来了一支长长的队伍。打头的一只老鸡，昂首挺胸，乌油油的脖子特别修长。十只生气勃勃的小鸡，紧随其后，其中八只长着黄灿灿的长喙，另外两只的翅膀上各有一对花翎。不用问，这正是雄鸡长脖的庞大家族。谁肯信，曾经放浪形骸的雄鸡长脖，居然抚养大了十只小鸡！

那是些多么难熬的日子啊！白天，它为小黄嘴们选择的活动场地，既要水草丰盛，又要便于隐蔽。而它自己则一刻不敢放松地抖擞着乌油油的长脖，警惕着天上地下、走兽飞禽。夜里，又要为选择安全的宿处煞费苦心。有时是一凹崖壁，崖前倾一道瀑布；有时是一个树洞，洞口有枯枝隐蔽。

不过，最使雄鸡长脖为难的，还是那两只小花翎的到来。不难想见，两个历尽艰辛的遗孤，是带着怎样的欢欣和热情扑向长脖的。然而，八张尖利的黄嘴却像一排尖刀，挡住了它们的去路。不难理解，八只小黄嘴既然继承了雌鸡黄嘴的傲气十足，又怎么能允许随便加入它们的集体？于是，八个虎视眈眈地围成一圈，准备攻击两个；而两个则屁股对屁股，被迫迎战八个。眼看就是一场力量悬殊的恶战。这时，雄鸡长脖忽然伸出长喙，照着八个中最大的一个不轻不重就是一啄。立刻，八个解体了，委屈地挤在一边，叽叽叽地叫着。而两个却得救了，亦悲亦喜地钻进了雄鸡长脖的翅膀。

从此，云顶山上最大的褐马鸡家族更加壮大了，而含辛茹苦的雄鸡长脖也更加操劳了。八只小黄嘴常常欺负外来户，雄鸡长脖就得时时留心。特别是当长脖发现，两个可怜的小家伙，既不会喝水，又不会择食，甚至见了爬动的黑蚂蚁就逃跑时，它也只能耐下心来，一样一样地从头教起。而这些本领，八只小黄嘴早就从雌鸡黄嘴那儿学会了，自然就挤在一旁叽叽叽地嘲笑，或者跑上来争吃抢喝。不过，这样一刺激，两只小花翎反倒学得更快了。当然，也是因为它们本来就不笨。

在一天天逝去的日子里，小鸡们脱下一塌糊涂的绒毛，换上了典雅华贵的新装。而在这朝夕相处、耳鬓厮磨的调节中，一个总是磕磕碰碰的新家族，也终于融为一体，变得和谐亲密。

幸亏勇猛的雄鸡瘸腿和骄傲的雌鸡黄嘴的后代，个个都结实健壮。幸亏机敏的雄鸡长脖和机灵的雌鸡花翎的后代，又个个聪明绝顶。它们不但小小年纪就会机智地发现和躲避天敌，而且早在翅膀还未丰满，尾羽还不修长的时候，就学会了飞到树上栖息。所以，劳苦功高的雄鸡长脖才有可能保存并率领这个庞大的家族，直奔低山阳坡，去和别的家族会合。

在小溪拐弯的地方，雄鸡长角和三只小凤尾正在饮水，当雄鸡长脖的大队来到它们面前时，两个家族便隔岸欢呼跳跃起来。在新一代终于长大，而寒冬又将到来的时候，有什么比集群更重要的准备活动呢？

三只小凤尾张开丰满的翅膀，拖着长长的尾羽，从对岸扑啦啦地飞过来了。那矫健的身姿，那优美的弧线，把岸边的老老少少看得着了迷。特别是两只小花翎，双双走到水边，瞪大了圆圆的眼睛。奇怪，当初是那样汹涌可怖、无法逾越的天堑，如今却变成一条清浅狭窄的彩带！它们扭头看看三只神采飞扬的小凤尾，再扭头看看微波荡漾的溪水。突然，两只小花翎几乎同时展翅压尾，扑啦啦地飞过小溪，安安稳稳地站在了雄鸡长角身边。这实在是个重大的发现，两个小家伙兴奋地叫着互相啄啄对方的尖嘴，又扑啦啦地飞回来，再扑啦啦地飞过去……

对于小花翎们突发的反常行为，雄鸡长脖困惑地耸动着乌油油的脖子，而八只小黄嘴则不屑地扭过头去。只有溪水理解它们，静静地流淌着，清晰地拍摄着它们的身影。

当两只小花翎终于安定下来之后，雄鸡长角才稳健地从对岸飞跃过来。它朝雄鸡长脖伸伸脖，张张嘴，却没发出一点声音。这只刚烈的雄鸡，自从雌鸡凤尾它们惨死之后，不但两只折下的角羽不再竖起，就连洪亮的嗓音也失去了。

两个家族并在一起，在两只老雄鸡的率领下继续顺流而下。小溪边，密林中，又不断有三五成群的褐马鸡家族加入和壮大着它们的队伍。所以，当它们来到当初头鸡长角说服以至强迫大家分群的那片山坡时，草地上又聚起了一片褐色的海洋。

草地中间，当初头鸡长角卧伏的白色大石头一直空着。不用说，雄鸡长角已经失去了威武的形象和嘹亮的喉咙，再难承担头鸡的使命。可几十个家族的乌合之众，又凭什么统一行动？

褐色的海洋开始翻滚、喧嚣，家族与家族之间开始寻衅、争斗。虚位以待，群鸡无首，将带来一场混战，无数牺牲。

“呱！呱！呱！”三声惊天动地的大叫，雄鸡长脖毅然飞上了大石头，威风凛凛，昂首挺胸，仿佛在宣告头鸡的诞生。

黑鸦鸦的鸡群先是一愣，接着便气势汹汹、愤愤不平地蜂拥过来，大有淹没雄鸡长脖的势头。特别是几只十分健壮的雄鸡，竟挤到了大石头脚下，伸出尖利的长喙准备发动进攻。

面对这撼天动地的阵势，大石头上的雄鸡长脖大义凛然，纹丝不动。既然它敢登头鸡的宝座，又岂能善罢甘休？

不过，还等不到短兵相接，十只勇敢机智的小黄嘴和小花翎，就已将雄鸡长脖的宝座团团围住。它们一致尾朝里头朝外，英姿勃勃，怒目圆睁，恰似一队赤胆忠心的禁卫军，捍卫着自己的首领。

于是，几只跃跃欲试的雄鸡不战自退，叱咤风云的鸡群也很快驯服。

“呱！呱！呱！”头鸡长脖发出地动山摇的号号。

“呱！呱！呱！”鸡群向着大石头聚拢。

面临严酷的寒冬，面临绝灭的困境，这些孱弱的雉类，别无选择，只能靠自己的团结奋斗。

十

大雪是和黎明一起到来的。鹅毛似的雪片，纷纷扬扬，还闪着亮光。入冬以来，也曾下过几场雪，但都是绒绒雪花，就像春天里的杨花柳絮，飘来舞去，柔曼多姿，而且等不到太阳当顶，便融化得干干净净。但眼下这场雪却不同。没有风，也悄无声息，却大片大片地纷至沓来，沉甸甸地往下坠，迅速地堆积起来。所以，到天大亮的时候，大树白了，山坡白了，小溪也白了，整个云顶山穿上了一件厚厚的雪衣，而太阳却连点影子都没有。

一棵巨大的落叶松树上，头鸡长脖醒了，要在平时，它会立刻率领群鸡下树。在今天这个异常的天气里，它显得有些犹豫。而在长脖的周围，似乎见不到一只褐马鸡，只有一个个圆鼓鼓的雪包，像是长在树上的寄生物。

两只乌鸦落在对面的树上、舒展着翅膀，一堆堆雪花簌簌地抖落地上。这些被褐马鸡卵和鸡雏喂养得脑满肠肥的家伙，虽然大部已经撤离，总还有些散兵游勇，点缀这冬日的山川。一只棕色带两条杠的松鼠，拖着长长的尾巴，在白皑皑的雪地上蹦蹦跳跳。一只金雕艰难地扇动着翅膀，从空中掠过。

大雪依然纷纷扬扬，太阳始终不见影子，只是天色渐渐明亮起来。巨大的落叶松上，头鸡长脖抖抖身子，咕咕地呼唤着。于是，树上一个个臃肿的雪包开始抖动，高高低低的雪条发出吱吱嘎嘎的响声，忽忽啦啦的雪团搅起飞飞扬扬的白雾。当白雾散尽之后，像变魔术一般，高高低低的雪条变成了棕褐色的松枝，臃肿的雪包变成了典雅华贵的褐马鸡。

头鸡长脖俯身张尾，像一只滑翔机般飞到二百米处的开阔地上。就在它刚刚落定的一瞬，恰似山洪暴发一般，一股褐色的瀑布自二十米高的松树上倾泻而下，发出呼呼啦啦的巨响，在苍白的天穹上架起一道壮观的褐色彩虹。这褐色的瀑布汹涌着、奔泻着，源源不断，气势汹汹，仿佛要和独霸天地的大雪比一比威风，仿佛要把这笼统的世界冲出个眉目。

于是，鹅毛大雪在空中游移起来，而素白的雪地上便有了点染山川的灵秀。

“呱！呱！呱！”头鸡长脖发出号令，率领鸡群开始了寻觅食物的跋涉。紧跟在它身旁的是雄鸡长角，这只昔日的头鸡，虽然折了角羽哑了喉咙，却昂首挺胸，健步如飞，不减当年雄风。

于是，白茫茫的雪野上，又有了浓墨重彩的“个”字，无数的“个”字又重叠成褐马鸡的轨迹，在深山里盘旋缠绕。不过，要不了多久，这轨迹就被飘飘扬扬的大雪淹没了。唯一淹不没的是坡坡岭岭上，不论酷暑严寒，不论艰难险阻，仍故土难离的褐马鸡。还有那些此起彼落，遥相呼应的头鸡们呱呱的叫声。

一片向阳的山坡上，无数小小的雪堆，横陈在觅食大军面前，就像一个个寒森森的坟堆。鸡群疑惑地站住了，特别是那些当年生的小鸡们，甚至紧张地架起翅膀，准备逃跑。

凭了昔日头鸡的经验，雄鸡长角朝前走去。凭了秋日的记忆，机敏的头鸡长脖紧紧跟上。新老两只头鸡几乎同时飞上两个坟堆，随着阵阵剧烈的晃动，一团团雪雾搅起一个个白色漩涡。而当这漩涡终于落到地上时，奇迹出现了：两只风度翩翩的褐马鸡，站在金光灿灿的沙棘树上。金光闪闪的沙棘枝头，密密麻麻地挤满了甜美的沙棘果！

坟堆变成食物堆，这对疲惫不堪的鸡群来说，实在是个强刺激。在一片沸沸扬扬漫天飞舞的雪雾消失之后，白色的坟堆不见了，上百只典雅华贵的褐马鸡，卧在上百棵黄灿灿的沙棘上，乌油油的头颈伸向前后左右，红玉般的长喙点啄美味金珠。随着它们起落有致的颤动，三三两两的残雪从树上散落，细丝般的尾羽在身后飘舞。那色调，那情韵，那幅度，并衬以苍茫的天幕、积雪的山坡，简直就是一幅如醉如痴的群鸡雪中卧食图。

不过，卧食的鸡群并不痴迷。当它们将自己的嗉子喂饱之后，便不那么安分守己了。特别是那些当年出生的小鸡们，谁又能挡得住它们在新奇和惊讶之后的寻开心呢？开始，它们只是飞来飞去地交换场地，似乎要在这上百棵沙棘树上都站一站，以满足自己的占领欲。接着，它们又三五成群挤在一棵树上，压得小树嘎嘎嘎地响。当这些都玩得厌倦之后，不知是谁终于发现了更有趣的游戏，就是将山坡上剩余的坟堆全部解放。于是，鸡群争先恐后，不辞辛苦地跳来跳去，摇着晃着，山坡上又腾起一片欢乐的雪雾。

在鸡群的外围，散布着头鸡长脖、雄鸡长角以及几只最健壮的雄鸡。从为家族警戒变成为种群警戒，也是祖先留下的规矩。所以，它们只能津津有味地欣赏，却不能置身其中。即使在刚才的觅食当中，它们也必须关注着头上地下、四面八方的天敌，丝毫也不敢放松。谁让它们是头鸡或是最健壮的雄鸡呢？

不过，这一次，不论是经验丰富的长角，还是机智聪敏的长脖，都无法预见，这些乐而忘忧的褐马鸡，马上就会大难临头。

十一

下午，天空忽然分成了两爿。山这边是阴沉沉的黑，山那边是明晃晃的黄。风不吹，云不动，雪野黯淡，草木发愣。漆黑的乌鸦幽灵似的掠过树枝，长尾巴的松鼠一蹿便钻进了树洞，雪地上匆匆忙忙地奔过豹猫、老虎、金钱豹……在这黑黄两色僵持不下的时刻，天地万物都预感到一场劫难的降临，陷入了恐慌之中。

不用说，机敏的头鸡长脖也及时率领自己的子民，飞上了高大的落叶松。可这稀稀落落的枝干，到底又有多大的庇护作用呢？上百只褐马鸡惴惴地倒替着双脚，焦躁地长吁短叹，搅得松枝上的残雪颤颤巍巍地往下落。

终于，随着一阵昏天黑地的飓风，天空大战开始了。大团大团的白雪夹着密集的雪霰，铺天盖地压将下来。整整三天三夜，源源不断，无尽无休。在树枝上横冲直撞，在山坡上堆积如山，在天地间肆虐猖狂。直到山野不再有响动，褐马鸡不再有叫声。直到这些水分子凝成的无机体，成为宇宙间唯一的活物。

难道摧毁的力量能使生的死，也能使死的生？

第四天早晨，辉煌的太阳终于出来了。天清气朗，云淡风轻。那些在昏暗中猖獗的雪霰，这时正死寂地堆在地上，等待着重新化为水分子。而这里那里的山坡上，又有了乌鸦、松鼠、豹猫、老虎……太阳的光芒使天地万物还其本来面目。而宇宙间有太阳的日子毕竟占多数。

高大的落叶松上，头鸡长脖动了动，可脚爪像粘住了树枝，翅膀也像上了绑。它咕咕地叫着，毫无章法地扭着，好不容易才把冻僵的身子舒展开，扑啦啦地飞落到开阔地上。然而，这一次，它的子民们却没有像瀑布似的倾泻。直到太阳当顶，暖和过来的鸡群才三三两两地落到头鸡长脖身边，咕咕地喊着饥饿。

头鸡长脖何尝不饥寒交迫？不过，当它清点了自己的队伍之后，不但不率队出发，反而一边呱呱大叫，一边朝那棵夜宿的落叶松走去。鸡群极不情愿却又无可奈何地跟着。不过，当它们回到树前，才发现，高高的落叶松枝上，这里那里，上上下下，居然还有二十几只褐马鸡卧在那里睡大觉，甚至还有两只紧紧地搂在一起！

鸡群愤怒了，朝着树上叫喊。头鸡长脖则扑啦啦地飞上树枝，恶狠狠地朝那两只搂在一起的老鸡就是一通猛啄。

不料，那两只鸡竟像块石头似的掉了下来，摔成两半。原来，它们不是搂在一起，而是被冰雪冻在一起的。而且，树上那些老老少少的褐马鸡，看上去栩栩如生，实际却早已魂飞九天，魄散雪野了。

鸡群哀哀地低下头。可就在它们低头的一瞬，又发现厚厚的冰雪地上，这里那里，一个个奇形怪状的头伸着，一只只皮破骨折的脚爪举着，一片片血肉模糊的翅膀张着，仿佛是地狱里无数个痛苦的灵魂，在挣扎着爬出冰冷的雪窟，要攫住地面上的生灵。

鸡群顿时大乱，惊叫着，扑腾着，奔跑着，回到远远的开阔地上，挤成一堆，瑟瑟发抖。

头鸡长脖站在树上，一时看看树上，一时看着树下，仿佛在清点死难者的数目。最后，当它终于从树上飞下来，向鸡群走去时，雪堆下一只伸出的头颈又扯住了它的脚步。那是一颗摔得面目全非的鸡头，虽然看不出年龄大小，可那副黄灿灿的长喙，却说明它是雌鸡黄嘴的后代，属于头鸡长脖的家族。于是，头鸡长脖停下来，小心翼翼地用坚硬的长喙刨着。雪地冻得梆梆硬，狠狠一嘴下去，也只是溅起一点点冰屑。但它不急不躁，坚持不懈地啄着啄着。

就在可怜的小黄嘴快被刨出来时，头鸡长脖的翅膀被狠狠啄了一下。它迅速转过头，看见了角羽折断却二目炯炯的雄鸡长角。长脖转回头，继续自己的工作。于是，它的乌油油的脖子又被啄了一下。这一次长脖愤怒了，恶狠狠地朝长角啄去。不料，长角并不迎战，只是一溜烟，跑回到开阔地上的鸡群旁。

当头鸡长脖追到开阔地上时，这只机敏的头鸡马上清醒了。它的那些子民在极度的惊吓和长时间的饥寒交迫中，已经成片地卧伏在地上，连站立的力气都没有了。死者已经死去，生者还要求生，难道它还有时间沉浸在家族的悲哀中？

“呱！呱！呱！”头鸡长脖大叫三声，振奋了奄奄一息的鸡群。眼下当务之急是轻车熟路，直奔那一坡黄灿灿密麻麻的沙棘树丛，只有那些可爱的甜蜜的果实，才能挽救它们的生命。

十二

天公的严酷，常常是世间的生物始料不及的。当头鸡长脖率领饥寒交迫的队伍，满怀希望地来到阳坡上那片沙棘树丛边时，这些虽疲惫不堪，仍精神抖擞的褐马鸡全愣了。白茫茫的雪地上，无数根铁灰色的枝丫横竖参差着，仿佛从来就没结过什么金黄色的沙棘果。

鸡群咕咕地叫起来，发泄着沮丧和失望。头鸡长脖也困惑地转动头颈，怀疑自己是否带错了路。但是，当它终于认出沙棘丛边那棵熟悉的山丁子树时，它不再犹豫了，率先走到一棵沙棘树下，伸出坚硬的长喙，用力刨了起来。起初，它的努力似乎是徒劳的。三下五下，是白色的积雪，十下二十下，仍然是积雪的白色。但头鸡长脖并不气馁，仍然锲而不舍地奋力刨着。不知刨了多少下，直到雪地上被啄出一个一尺多深的大坑，一粒金灿灿的沙棘果才像地下宝藏似的露了出来。

早已饥饿难熬的鸡群立刻蜂拥而上。很快，那一片死寂的白色和狰狞的铁灰色之间，便有了生动的褐色。无数乌油油的头颈俯仰起落，无数坚硬的长喙拼命刨啄。显然，挖掘宝藏要比卧食枝头艰难得多。对于身强力壮者，拼力刨个数十上百次，幸运的总有收获，背运的也能另辟蹊径。可对于那些老弱病残者，雪中刨食，不啻于以命换命。有的过于衰竭，刨不了多久，便瘫软下来，望雪长叹。有的孤注一掷，可好不容易刨出来果实，却已无力消受，一命呜呼了。

眼看着那些乌油油的头颈俯仰起落的频率越来越低，而安卧雪地坐以待毙的数目不断增多。头鸡长脖沉不住气了，它抬起头，转动长长的头颈，仿佛在寻求什么救苦救难的神明。终于，这只机敏的头鸡把目光定在了那棵熟悉的山丁子树上。不错，初春时分，老头鸡长角正是从这棵大树上，啄下紫红色的果实，拯救过恐慌的鸡群。

头鸡长脖立刻压尾展翅，一团云雾似的飞到山丁子树上。果然，在那些粗大的枝丫间，一串串紫红色的山丁子果，正在闪烁着诱惑的光彩。头鸡长脖迫不及待伸出长喙，首先啄下最大最红的一串，朝树下的鸡群抛去。

于是，这紫红色的果实，就像熊熊的烈火，点燃了沙棘丛中那些奄奄一息的生命。首先，是那些坐以待毙者，立即打起精神，朝山丁子树下飞奔，分食美味的果实。接着，是埋头挖掘者，也避难就易，朝山丁子树下聚集。尽管树上的头鸡忙得晕头转向，还是满足不了鸡群的渴望。结果，又像初春时分一样，每一颗果实都会引发一场争夺拼抢的战斗。无数场战斗搅得雪花翻飞，鸡毛飘舞，山野动容。

然而，恰恰是在这你争我夺的拼抢中，将要熄灭的生命燃烧了，闪烁出耀目的光焰；几近湮灭的潜力迸发了，显示出旺盛的活力。也许正是靠了这不息的生命以及不尽的潜力，千百年来，这些八面受敌的孱弱的小生命，才会在这天寒地冻的恶劣环境中，坚持下来，发展下去？

十三

很难说是上苍的考验，还是厄运的紧逼。一只巨大的金雕，一片黑云似的浮现在天空，把恐怖的阴影投向褐马鸡群。

最先发现敌情的是头鸡长脖。它立即从高高的山丁子树上飞下来，同时发出呱呱的喊叫。

正在拼抢山丁子果的鸡群马上停止战斗，合成一支浩大的队伍，迅速向高大浓密的山柳树丛隐蔽。与此同时，始终处于警戒状态的长角等七只剽悍的雄鸡，则紧紧跟在头鸡长脖身后，一边朝着山顶一片开阔地奔跑，一边引颈朝天大声叫喊。

巨大的金雕开始向低空盘旋，寻找攻击的目标。白皑皑的开阔地上，八个拖着长尾、健步如飞的褐色身影，醒目打眼，仿佛一群肆无忌惮的魂灵。而它们那昂首挺胸的齐声呐喊，又仿佛是对强者的挑战。这情景吸引了金雕。于是，它放弃正在向山柳树丛撤退的鸡群，猛地一旋，凶恶地直扑喊声最尖厉、步子最雄健的头鸡长脖。可是，当金雕发现自己的利爪不过抓了两把白雪时，头鸡长脖已经不见了。五米远，一只乌爪的雄鸡正在引颈高歌，仿佛在嘲笑空中猛禽的愚蠢。金雕扇动翅膀，将身子拉向高空，再次向雄鸡乌爪俯冲。然而，这一次，它又扑了个嘴啃泥。雄鸡乌爪又不见了，五米远，伫立着一只角羽折断的雄鸡。两战失利，难免急躁，加之折断角羽的雄鸡并不显得威风。金雕改变战术，扑腾着巨大的翅膀，直接在雪地上追扑起来。遗憾的是，这只巨大的猛禽尽管能日飞千里，可奔跑的速度和灵活机敏却远远比不上褐马鸡。所以，当雄鸡长角又变成了另一只剽悍的雄鸡时，金雕便不再耐心地分辨目标的远近大小，而是不停地拔地而起，没头没脑地猛扑猛冲。而七只雄鸡在头鸡长脖的率领下，却越战越灵活，越战越主动。

几十个回合之后，凶恶的金雕筋疲力尽，只好升回高空，像一片乌云似的浮游盘旋，无可奈何地俯瞰着这些弱小的生灵。它猛扑猛冲后的唯一战利品，就是右爪上一根雪白飘逸的褐马鸡的尾羽。

望着腾空而去的金雕，八只雄鸡并未掉以轻心。它们尾对尾地围成一圈，引颈仰视，齐声呐喊。它们只有将金雕戏弄得远走高飞，整个鸡群才会重新获得安宁。

对于雄鸡们声嘶力竭的呐喊，金雕并不在意。由于三天三夜的暴风雪，它也和可怜的褐马鸡一样，早已饥肠辘辘。而且在这漫长的大雪封山的日子里，要想找到一点充饥的食物，对它也绝非易事。它在高空中盘桓着，是在恢复体力，以便重新发起进攻。不将这活蹦乱跳的美味吞进肚里，它岂肯善罢甘休?

此时，庞大的鸡群已全部隐蔽，几乎和深褐色的山柳树枝融为一体。虽然偶尔还可以见到褐马鸡长长的尾羽在闪动，但是要想从空中扑食而不受横竖参差的树枝阻挡和伤害，几乎不可能。也就是说，除了开阔地上那八只围成一圈的雄鸡之外，金雕已别无选择。况且就连这八只雄鸡也正在悄悄地向山柳树丛移动。继续对峙的结果，金雕将丧失扑食的时机。

尽管尚未完全恢复体力，金雕还是准备孤注一掷了。只见它突然冲上三千米的高空，远走高飞似的不见了踪影。然而，当雪地上的雄鸡们以为大功告成，不再围圈、而是成散兵状朝山柳树丛飞奔时，狡猾的金雕又突然从一片白云中钻出，闪电般由三千米处直扑下来。

由于措手不及，齐声的呐喊变成了惊慌的呼叫，有条不紊的车轮战也再难发挥威力。就在这各自为战将演变成各个击破的危急时刻，经验丰富的老头鸡长角毅然站住了。只看见它那两只长期折下的角羽，宝刀出鞘一般，刷地重新竖起；只听见它那哑了几个月的喉咙，发出了尖厉洪亮的叫声。与此同时，它脖颈长伸，毛羽倒立，猛然跳前几步，不等金雕落地，就腾空而起，狠狠地朝金雕的左眼猛啄。

同样是措手不及。金雕一声凄厉的惨叫，一股紫黑色的浓液，从它的左眼眶中流淌出来。痛苦不堪的金雕疯狂地举起巨掌，照着老头鸡的脊背猛力一击。长角立刻重重地坠落下来。就在它挣扎着企图再次飞起时，金雕却像泰山压顶般扑了下来，准备生吞活剥。

然而，就在金雕那双带钩的利爪就要攫住雄鸡长角的一刹那，它的右眼突然一黑，脖子被一只横过来的红玉般的长喙卡住了。不用说，这正是机敏勇敢的头鸡长脖。

金雕不得不放弃已经到手的长角，转而对付长脖。不过，尽管它用利爪狠命地抓住了头鸡长脖的胸脯，卡在它脖子上的长喙却丝毫没有放松。于是，一只猛禽和一只弱鸡便如胶似漆地搂抱在一起，纠结成一团。

开阔的雪地上，一个褐色的毛团在滚动，片片羽毛在飞舞。没有叫喊，没有退缩。在这生死拼搏的时刻，强大和弱小已融为一体，攻击者与被攻击者也再难区分。只有洁白的山川保持肃穆宁静。只有山柳树丛中的鸡群围拢过来，却又无能为力。

无遮无拦的雪地上，褐色的毛团不停地朝前滚着、滚着，越滚越紧，越滚越远，仿佛要滚向地球的尽头。所以，当它滚到悬崖的边缘时，也没有停顿，就那样毫不犹豫地滚了下去。

更加无遮无拦，巨大的毛团在空中卷起一股又一股旋风，而这旋风则一次又一次将毛团推向陡壁上一个又一个尖突的石块上，重重地撞过去，远远地弹回来，每一次都有一声尖厉的叫喊，每一次都有一阵羽毛的纷飞。尽管如此，两个执著如怨鬼、纠缠如毒蛇的生命，始终紧紧抱成一团，片刻也不曾分离。直到最后，在经历了漫长而艰难的空中路程，而终于到达山脚时，一块尖利的大石头，才借助惯性的震动，将它们一劈为二。

金雕的身体扎在石尖上，当时毙命。它的脖子像折断似的歪在一边。左眼是一团血肉模糊，右眼却圆睁着，仿佛不相信也不甘心自己的失败。

头鸡长脖离金雕不到两米远，周身的羽毛几乎被扯光了，胸脯上的肉白花花地翻着。它的红玉般的长喙张开着、痉挛着，说明它还有一口气。它翻翻眼皮，看了看死不瞑目的金雕，喉咙里发出轻微的咕咕声。它动动爪子，试图站起来，身子却像瘫了似的，纹丝不动。它又动了动脑袋，仰面朝天，伸长脖颈。

“呱！呱！呱！”头鸡长脖终于发出了它最后、也是最洪亮的叫喊。这声音像一道强劲的冲击波，携着一个宁死不屈的灵魂，一个死者对生者的告慰，疾速向着悬崖上的天空升腾……

十四

悬崖边，雪地上，黑鸦鸦一片鸡群，终于得到了暂时的安宁。这些幸存的生命，不叫，不跑，也不动，木雕泥塑般呆立着。是震惊？是悲恸？还是又一次失去头鸡的无所适从？

下雪了，飘飘扬扬的雪花，给死寂的世界带来生动。远处，传来虎啸、豹吼、鸦啼……

这时，鸡群终于骚动起来，有了咕咕的呼唤，有了翅膀的舒展，也有了步履的移动。

这时，剽悍的雄鸡乌爪呼啦啦飞上一块大石头，发出“呱！呱！呱！”三声大叫。于是，面对着饥饿寒冷，面对着艰苦险恶，又一代新的头鸡应运而生。

这一次，不再有愤愤不平的骚动，不再有气势汹汹的争夺，历经劫难的鸡群，恭顺地跟在新头鸡的身后，迈着蹒跚而又坚定的步子，去寻找食物，寻找生路。

就在鸡群即将转过山坳的时刻，从悬崖边的雪地上，传来了一阵凄楚的叫声。这是雄鸡长角的声音。这只威震一时、功劳赫赫的老头鸡，虽然重新竖起了桀骜不驯的角羽，虽然完全恢复了高亢嘹亮的音喉，可它的脊梁骨被金雕的巨掌拍断了。所以，当鸡群转移时，它只能徒然在雪地上挣扎。而当鸡群即将远去时，它便发出了绝望的哀鸣。

鸡群站住了，回过头去，再一次久久伫立。那一阵阵凄楚绝望的叫声，令大地战栗，令鸡群心惊。可是，没有谁能拯救这只不幸的老头鸡，正如没有谁能改变褐马鸡群的艰辛命运一样。

远处，又传来阵阵虎啸、豹吼、鸦啼……鸡群再次骚动，重新开始了艰难的跋涉。

抛却声声凄楚绝望的哀鸣，甩下重重浓墨重彩的脚印，一队典雅华贵的褐马鸡，一群渴求生存的小生命，渐渐地消失在迷迷茫茫的云雾之中。

云顶山依然云缠雾绕。云顶山依然扑朔迷离。云顶山上的众多生灵，依然按照大自然的旨意，物竞天择，生生息息……

褐马鸡（Crossoptilon mantchurricum），鸟纲，鸡形目，雉科，马鸡属。耳簇发达，白色，成角状突出于脖颈之上，头侧裸出，有红色疣突。体羽形长褐色。尾羽披散下垂，白色，末端转褐色。嘴尖长粉红色。脚趾珊瑚红色。喜食植物昆虫等。目前，仅分布中国吕梁山及与之相连的小五台山一带高寒山区。数量很少，被列为世界《濒危野生动物国际贸易公约》中的保护对象。属国家一级重点保护野生动物。

据历史记载：

褐马鸡又名鶡、鹖鸡、鹤鸡、耳雉、角鸡、山鹅、青风、鶡鸡、黑雉、鸧等。

《后汉书·舆服志》曰：鶡，鸷鸟之果劲者，每有攫撮，应爪摧碎，斗不死不止。

《晋书·舆服志》曰：鶡，性果勇，其斗至死乃止。

宋《尔雅》云：鶡鸡味甘无毒。食肉令人勇健。

明《本草纲目》云：青黑色者曰鸧，性耿介也。性爱侪党，有被侵者直往赴斗，虽死不置。

早在两千年前的战国时期，就开始以“鶡冠”赐武将以激发其英勇善战的斗志。至清代仍用褐马鸡之羽制成蓝翎、花翎来标志为官者的品级高低。

狼的母性

◎汪曾祺

香港大概没有狼。

中国很多地方有狼。

绍兴有狼。鲁迅写的祥林嫂的孩子阿毛就是被狼吃了的。

昆明有狼。我在昆明郊区看到一些人家的砖墙上用石炭画了一个一个的白圈，问人：这是干什么？答曰：是防狼的。狼性多疑，它怕中了圈套。

张家口有狼。口外长途车站有一个站名就叫狼窝沟。在张家口想买一件狼皮褥子毫不费事，也很便宜。狼皮褥子可以隔潮，垫了狼皮褥子不易得风湿。我在张家口的沙岭子下放劳动了三年，有一只狼老来偷果园里的葡萄，而且专偷“白香蕉”。白香蕉是葡萄的名种，果粒色白，而有香蕉味道。后来叫一个农业工人用步枪打死了。剖开肚子，一肚子都是白香蕉！

呼和浩特有狼。

大青山狼多。狼多昼伏夜出。有一个在山里打过游击的朋友告诉我：“那几年，狼下山，我下山，狼回山，我回山。”有一个游击队员在半山睡着了，一只狼爬到他身上，他惊醒了，两手掐住狼脖子不放，竟把狼掐死了。后来熟人见他都开玩笑：“武松打虎，××掐狼。”

游击队在山里行军，发现三只小狼埋在沙坑里，只露出三个小脑袋。一个小战士很奇怪。问人：“这是怎么回事？”一个有经验的老战士告诉他：“小狼出痘子，母狼就把它们用砂土埋起来，过几天再刨出来。”小战士把三只小狼刨出来，背走了。这一下惹了麻烦：游击队到哪里，母狼跟到哪里。蹲在不远的地方哀叫，一叫一黑夜。又不能开枪打，怕暴露目标。叫了几夜，后来小战士听了老战士的劝，把小狼放了，晚上宿营，才能睡个安生觉。

呼伦贝尔有狼。

海拉尔，离市区不远的山里有一窝狼，两只老狼，三只狼崽子。有一个农民知道了，趁老狼不在的时候把狼崽子掏了。畜产公司收购，大狼一只三十块钱，小狼十五。三只小狼能卖四十五块钱。老狼回来了，就找掏狼崽子的人。找到海拉尔桥头，没办法了。原来这个农民很有经验，知道老狼会循着他身上的气味跟踪的——狼鼻子非常尖，他到了海拉尔桥就下了河，从河里走了。河水把他的气味冲走了。线索断了。这两只老狼就连夜祸害桥边的村子，咬死了几个孩子。狼急疯了，要报复。后来是动用了解放军，围剿了一夜，才把老狼打死了。

猴王的罗曼史

◎汪曾祺

游索溪峪，陪同我的老万说，有一处山坳里养着一群猴子，看猴子的人会唱猴歌，通猴语，他问我有没有兴趣去看看，我说：有！

看猴的五十多岁了，独臂，他说他家五代都在山里捉猴子。他说猴有猴群，“人”数不等，二三十只到近百只的都有，猴群有王。王是打出来的。每年都要打一次。哪一只公猴子把其他的公猴都打败了（母猴不参加），他就是猴王。猴王一到，所有的猴子都站在两边。除了大王，还有二王、三王。

这里的这群猴原来是山里的野猴，有一年下大雪，山里没吃的，猴群跑到这里来，他撒一点包谷喂喂他们，这群猴就在这里定居了。

猴群里所有的母猴名义上都是猴王的姬妾，但是猴王有一个固定的大老婆，即猴后。别的母猴和其他公猴“做爱”，猴王也是睁一眼闭一眼，但是正室大夫人绝对不许乱搞。这群猴的猴后和别的公猴乱搞，被原先的猴王发现，他就把猴后痛打一顿，逐到山里去了。这猴后到山里跟另一猴群的二王结了婚，还生了个猴太子。后来这群猴的猴王死了，猴后回来看了看，就把她的第二个丈夫迎了来，招婿上门，当了这群猴的猴王。

谁是猴王？一看就看得出来。他比别的猴子要魁伟得多，毛色金黄发亮。脸型也有点特别，下腭不尖而方。双目炯炯，样子很威严，的确有点帝王气象。跟他贴身坐着的，想必即是猴后，也很像一位命妇。

猴王是有权的。两只猴子吵起来，甚至扭打起来，他会出面仲裁，大声呵叱，或予痛责。除此之外，也没有什么尊贵。小猴子手里的食物他照样抢过来吃。

我们问这位独臂老汉：“你是通猴语么?”他说猴子有语言，有五十几个“字”，即能发出五十几种声音，每一种声音表示一定的意思。

有几个外地来的青年工人和猴子玩了半天，喂猴吃东西，还和猴子一起照了很多相。他们站起身来要走了，猴王猴后并肩坐在铁笼里吭吭地叫了几声，神情似颇庄重。我问看猴人：“他们说什么?”他说：“你们走了，再见!”这几个青年走上山坡，将要拐弯，猴王猴后又吭吭了几声。我问看猴老汉：“这是什么意思?”他说：“他们说：慢走。”

我不大相信。可是等我和老万向看猴老汉告辞的时候，猴王猴后又复并肩而坐，吭吭几声；等我们走上山坡，他们又是同样地吭吭叫了几声。我不得不相信这位朴朴实实的独臂看猴老汉所说的一切。

我向老汉建议：应当把猴语的五十几个单音字录下来，由他加以解释，留一份资料。他说管理处的小张已经录了。

老万告我：这老汉会唱猴歌。他一唱猴歌，山里的猴子就会奔来。我问他：“你会唱猴歌吗?”他说：“猴歌啊？……”笑而不答，不置可否。

苦豺制度

◎沈石溪

1

埃蒂斯红豺群行进在风雪弥漫的尕玛儿草原上。七八十只雌雄老幼个个无精打采，耳垂间、脑顶上和脊背凹部都积着一层雪花，宛如一支戴孝送葬的队伍。每只豺的肚皮都是空瘪瘪的贴到了脊梁骨，尾巴毫无生气地耷落在地，豺眼幽幽地闪烁着饥馑贪婪的光。队伍七零八落拉了约两里长。

嗬叽——

豺王索坨纵身跳上路边一块突兀的岩石，居高临下向豺群大声地嚣叫。它想把落在后头的那几只豺叫唤上来。埃蒂斯红豺群历来在狩猎途中都用方块或圆形的阵容向前推进的，这是对地域环境的适应和由此而派生出来的最佳生存选择。

豺虽然生性凶猛但身体瘦小，不仅比不过狼，比一般草狗还弱了整整一圈，若要单个和食肉猛兽较量极难占据上风，也无法把中型和大型食草动物列入自己的食谱，只有依靠群体的力量才能在弱肉强食的丛林中称王称霸占有一席之地；方块或圆形的阵容既象征着群体的不可分割，让食肉猛兽望而生畏，又有利于豺王在碰到突发事件或不期然遇见猎物时能及时有效地进行调度指挥。

遗憾的是，索坨连叫几声豺群毫无反应，队伍仍然松松垮垮像条脊椎骨被抖散的蛇。真是白费了唾沫。索坨很悲伤，豺王的传统权威受到了饥饿的挑战。

鹅毛大雪一连下了好几天，日曲卡山麓一片白茫茫，尕玛儿草原像铺了一层厚厚的白地毯，古戛纳河也结起了冰层。埃蒂斯红豺群虽然是雪山草原堪称一流的狩猎部落，但在如此严寒恶劣的气候条件下却也碰到了生存危机。那些品种繁杂的食草类动物不是集体迁移到南方去越冬就是藏在洞穴里冬眠，像雪兔、山獾、牦牛这些少得可怜的既不迁移也不冬眠的食草类动物也由于寒冷而躲在山旮旯或丛林某个隐蔽的岩洞内不敢轻易出来，就算有个别动物耐不住饥饿冒险走出窝巢，湿重的冷空气盖住了它们的气味，呼啸的风掩饰了它们的声音，急骤降落的雪花又会用极快的速度抹平它们的踪迹。豺在这样的气候下灵敏的嗅觉、视觉和听觉似乎都减弱了功能。唯一有把握的狩猎方式，就是寻找到食草类动物冬眠或藏身的洞穴吃上门去。这办法虽然不错，但莽莽雪山辽阔草原，要寻找到恰巧里头有内容或者说有丰盛晚餐的洞穴，简直就是大海捞针，全凭运气全靠机遇全仰仗那变幻莫测的偶然性。埃蒂斯红豺群也不知什么地方得罪了山神，连续几天交厄运，搜索了近百个坑坑洼洼石缝洞穴无一收获。

民以食为天，豺以食物为宇宙。

饥馑像个黑色的幽灵徘徊在埃蒂斯红豺群。

昨天半夜，豺群那只名叫朗朗的豺伢子被冻死了。豺群社会对死亡早已司空见惯，没有出殡也没有葬礼，母豺只在夭折的豺儿面前嚎丧几声也就怏怏离开了。豺群社会也没有守灵习惯，朗朗的遗体就丢弃在宿营地旁的一条暗沟里。今早天亮后索坨无意中溜达到暗沟前一看，朗朗只剩下一副白骨了，连眼珠和尾巴都被啃食得干干净净。白花花的骨骸旁的雪地里留着一片凌乱的豺的足迹。

索坨差点没急晕过去。

虽然豺和狼同属哺乳类食肉目犬科动物，虽然在人类的词典里豺和狼经常被捆绑组合在一起使用，但终究是两种类型的猛兽，各自有着不同的品性。狼在食物匮乏的冬季，在饥饿状态下，有啃食重伤或死亡的同类的习俗，在狼性的观念里，与其把同类的肉留给其它食肉类飞禽猛兽或蚂蚁来享用，还不如自己享用更实惠些更符合狼道些，这或许可称之为奇特的腹葬。豺的观念却和狼不同，豺把食用同类的尸体视作恶习，视作不可原宥的罪孽，视作一种无形的禁忌。豺对死亡的同类虽然不像人类那样使用繁复的仪式进行土葬火葬水葬天葬，却也宁肯让其暴尸山野让秃鹫、蚂蚁或其它猛兽来代为清理。

说不清是狼的观念更现代些还是豺的做法更合理些，但起码是两种截然不同的习俗。

可今早暗沟内的情景，却使索坨无法回避这样一个铁的事实：一些豺正在打破豺群社会的禁忌啃食同类的尸体。

在野生动物中尤其在具备尖爪利牙的食肉兽中，社会禁忌十分重要，可以说是群体赖以生存的准则和法规。例如猛禽金雕实行严格的一夫一妻制，有一条重要的禁忌就是第三者不准插足。禁忌起源于这样一个事实，两只脾气暴躁的雄金雕一旦为求偶而争斗往往同归于尽；孟加拉虎的生活中有这样一条禁忌，就是雄虎不准逗留在带崽的雌虎身边，以防止在一种特定的情态下粗心而贪婪的雄虎会伤害毫无防卫能力的虎崽；食草动物高鼻羚羊也有禁忌，公羊在争夺头羊地位的过程中，只能用炫耀头上的犄角和发达的四肢进行象征性的较量，争斗仪式化舞蹈化戏剧化，决不动真格地用犀利的羊角去刺击对方，没有这条重要禁忌，全世界高鼻公羚羊恐怕都已死于无法克制的频繁发生的争夺社会地位的搏斗中了。

打破禁忌是十分危险的。

索坨今早在朗朗的骨骸前忧心如焚地伫立了很久。今天啃食同类的尸体，明天就有可能对豺群中的老弱病残者进行扑咬；今天是悄悄地趁着黑幕的遮掩，干盗食同类尸体的勾当，明天就有可能在光天化日下，明目张胆地进行自相残杀。这将是一场毁灭性的灾难。索坨并非在自寻烦恼，尕玛儿草原确实曾发生过这样的悲剧。和埃蒂斯红豺群毗邻的古戛纳棕豺群，有一匹大公豺不知是神经有毛病，还是确实饿急了眼，在众目睽睽下把一匹还没咽气的病豺咬断喉管并饮血啖肉，旁观的十几匹公豺，一半出于惩罚疯豺，一半出于对食物的渴望，群起而攻之，把那匹胆敢打破禁忌咬食同类的大公豺咬死并吞食了。从此，古戛纳棕豺群不得安宁，三天两头发生同类相食的惨案，短短的一个冬天豺群所有的大公豺几乎都死于非命，好端端的一个豺的大家庭遭到灭顶之灾。

这是惨不忍睹的血的教训，它索坨说什么也不能让自己的埃蒂斯红豺群重蹈古戛纳棕豺群的覆辙。

作为豺王，索坨对自己的臣民了如指掌。站在朗朗的骨骸前，不用嗅闻气味，它一眼就从凌乱无序的雪地足迹上认出是独眼豺、白脑顶、兔嘴多多、短尾巴罗罗等七匹大公豺干的缺德事。但它无力对它们进行惩罚。法不制众这条规律不仅适用于人类社会，同样适用于动物世界。再说，这些触犯禁忌的大公豺都是埃蒂斯红豺群的中坚和精华，从某种意义上说，惩处它们就等于在自毁种群。

要想阻止啃食同类这种狼的恶习在豺群中蔓延，唯一有效的办法就是尽快捕捉到像羚羊或麋鹿之类可以果腹的食物。

风愈刮愈紧雪愈下愈猛，天空乌黑乌黑像蒙着块丑陋的鳄鱼皮。举目望去茫茫雪山草原连个活动的影子都看不到；顶着风耸动鼻翼，除了雪的阴冷的气息，闻不到任何鲜活的生命气息。猎物在哪里？食物在哪里？

豺们更加灰心丧气，队伍走得更加散乱。

索坨心里沉甸甸的像压着一块千钧巨石。

2

苍天有眼，山神开恩，埃蒂斯红豺群绝路逢生。黄昏时豺群经过猛犸崖，突然发现了这个野猪窝。

这个野猪窝隐蔽得十分巧妙，坐落在猛犸崖脚下一个不显眼的旮旯里，一块巨大的鱼鳞似的薄薄的石片，像块天然洞盖盖住了洞口，只在洞口斜面有条可供出入的浅浅的石缝。石缝间蔓生着野蒿、紫藤、骆驼草、酸枣刺，虽然是冬季这些植物叶子都枯萎了，但枝枝条条间挂满了层层叠叠的雪片，给本来就隐秘的石缝挂了道厚实的雪帘。要是没有猪崽叫，即使豺群从雪帘洞前经过，也未必就能发现这个野猪窝。

本来豺群在离雪帘洞很远的那片白桦树林里行进，谁也没有想到要去光秃秃的猛犸崖下进行搜寻。突然间空寂的山野传来吱哑一声猪崽叫。

猪崽的叫唤声虽然十分微弱十分短促似有似无，但几乎每一匹豺都听得清清楚楚。霎时间，蓬松的豺毛紧凑了，黯然的眼神明亮了，耷落的尾巴翘挺了，萎靡不振的队伍变得精神抖擞。根本用不着它索坨召唤，掉队的豺迅疾无声地赶了上来，以它索坨为轴心，群豺缓慢地绕着圈圈，这是一种等候指令准备出击的圆形阵容。

有猪崽叫就有母野猪，野猪每胎起码产三至五只猪崽，足够埃蒂斯红豺群美美地饱餐一顿的了。

猪崽叫唤得正是时候，假如早些叫或晚些叫，也许豺群就永远发现不了这个野猪窝了。对豺群来说无疑是一种幸运一种福气一种造化。对那窝野猪来说当然是一种灾难一种不幸一种劫难。索坨无从猜测那只倒霉的猪崽，怎么会在这性命攸关的时刻发出叫声的。也许这只猪崽特别淘气，天生就喜欢乱叫乱嚷；也许是一对猪崽在洞内闹架；也许是母野猪无意中翻身压疼了那只猪崽……

索坨前额上那两条紫色的倒挂眉毛陡地竖立起来，甩了甩脑壳，率先朝猛犸崖跑去。群豺散成扇形向雪帘洞悄悄逼近。

贴近那条隐秘的石缝，这才嗅闻到一股野猪的骚臭味。那块平滑的屏风似的石板，不仅遮挡了视线还盖住了气味。这真是个巧夺天工的石洞。豺群把洞口围得水泄不通。

嗬——索坨朝洞内发出一声试探性的嚣叫。

雪帘洞里寂然无声半天没有动静。

对豺来说野猪虽然是可口的食物，却也是不好招惹的家伙。野猪是杂食性动物，既吃竹笋果根野木薯等茎块植物，也吃雪雉松鼠豪猪这类小动物。野猪性情凶猛，凭着嘴里那副能掘开板结冻土的锐利的獠牙，敢和豹子周旋。一只普通的草豹是很难对付一头成年野猪的。尕玛儿草原曾发生过草豹咬断了野猪的喉管，野猪咬开了草豹的肚皮，结果双双倒毙在血泊中的事。尤其是带崽的野猪，有勇气同觊觎它的宝贝猪崽的天敌拼杀到流尽最后一滴血。野猪绝不会像其它食草类动物那样，面对豺群闻风丧胆一味逃命的。

索坨从乱石堆跳到雪帘洞前，将脑袋探进石缝去打量。

黑黢黢的石缝里闪烁着一双澄黄色的凶狠的眼睛。噢——洞内突然爆响起一声粗俗的嚎叫，又响起笨重的躯体在狭窄的石缝里朝前蹿扑的声音。一股恶臭扑鼻而来，一副青白色的獠牙也恶狠狠朝前噬咬。雪帘洞里果然有一头凶相毕露的母野猪，索坨赶紧缩回脖子弹跳开去。它嗬嗬叫着，希望母野猪能追出洞来。但狡猾的母野猪没有上当，只在石缝口露了一下嘴脸，便很快将身体缩回洞里去了。

嗬——嗬——嗬——嗬——

豺群齐声朝雪帘洞发出让食草类动物心惊胆战的嚣叫。

母野猪吭哧吭哧在洞里喘着粗气，就是赖在石缝里不出来。这发猪瘟的家伙，肯定是知道自己一旦失去雪帘洞的依托，便会受到豺群前后左右四面八方的追堵围歼。它待在这条十分狭窄的刚够一头野猪侧身挤进去的石缝里，完全不用担心来自左右和身后的威胁，只要集中精力对付来自正面的攻击就可有效地保卫自己的家庭安全。

这真是一夫当关万夫莫开的险要地形，根本无法发挥豺的群体优势。倘若强攻，每次只容得下一匹豺钻进石缝去施展噬咬本领。而一匹瘦小的豺在和一头庞大的野猪面对面交锋时是很难占到什么便宜的，尽管豺比野猪生性凶猛得多。母野猪有的是憨力气，又卧在石缝里以逸待劳，也不怕豺群搞什么车轮战术。

此刻埃蒂斯红豺群，与困守在雪帘洞内的母野猪是吃和被吃的关系，不可能火线喊话，心战策反，让这发猪瘟的家伙自动投降。在弱肉强食的丛林里没有俘虏和优待俘虏的说法；力的拼搏爪的格斗牙的碰撞生与死的转换是解决矛盾的唯一方法。

或许可以用豺的智慧将那头负隅顽抗的母野猪引

诱出洞，索坨想。譬如豺群佯装着因失去耐心而放弃这场狩猎，在母野猪的视界内撤出猛犸崖，然后远远地绕个大圈子悄悄埋伏在背风的雪帘洞左侧，等待母野猪出洞觅食。譬如还可以让一只幼豺假装因饥寒交迫而倒毙在雪帘洞口，豺群呜咽着离去，当纷扬的雪花把装死的豺差不多掩埋起来时，母野猪或许会打消怀疑，钻出洞来试图将装死的幼豺拖回去当点心……不不，这些办法都不完美，都有缺陷，都要冒很大风险。这发猪瘟的家伙有的是时间和耐心，完全可能待在温暖如春，不受风雪侵袭的雪帘洞里，两三天不挪出洞口一步。豺群暴露在寒风大雪下，已整整三天没有觅到食物，别说再拖两三天，恐怕今夜就会被难以抵御的寒冷和难以忍受的饥饿，诱发出自相残食的灾祸来。那被当作钓饵的幼豺，恐怕等不到把母野猪诱骗出洞，自己就会冻成冰柱。

它索坨绝不能干这种赔本的买卖。它在雪帘洞前蹿来跳去，想找到一个万无一失能把母野猪引诱出洞来的办法。蓦地，它停住脚步，偏仄脑袋，朝暮霭沉沉的天空发出一声干涩的悲壮的嚎叫。

没其它办法了，看来，只有在豺群中挑选一匹苦豺了。

3

苦豺是豺群社会一种特定的角色，与人类社会中的炮灰殉葬品敢死队有点相似。当遇到非牺牲个体不能保全种族这样的严峻关头，苦豺就义无反顾地冲出来自我牺牲。

苦豺这种角色的产生不搞世袭制，也不由豺王指定，也不是靠抓阄碰运气，也不是按社会地位阶级来排列，而按一条十分简单的标准来遴选，那就是年龄加衰老度。凡扮演苦豺角色的一概都是步入暮年的老豺。当危急关头来临时，豺王的眼光在豺群中扫射一圈，最后落定在年纪最大，相貌最憔悴，唇须已经焦黄，犬牙已开始松动脱落的老豺身上，豺群所有的目光顺着豺王的视线也落在那匹老豺身上，就算是豺王提议全体豺民表决通过了。于是，那匹倒霉的被选为苦豺的老豺，在豺群严厉的目光催逼下，无可奈何地走出队伍，神态或者悲壮或者悲切或者悲哀，用自己残剩的生命和还没冷却的血与狰狞的死神相扑。

在不需要苦豺的平常日子里，老豺在埃蒂斯红豺群中倒也会受到尊重与照顾。例如猎到了食物，缺乏抢食能力的幼豺和抢食能力已大大衰减的老豺，也会公平地得到一份。例如在山洞里宿营，老豺会像幼豺那样被安排到雪花不易飘至、寒风不易钻透的洞底歇息，而由身强力壮的公豺守候在洞口。但在生死攸关的时刻，豺群却一点也不讲良心地将老豺推了出去。

让群体中最衰老的豺担当苦豺，是埃蒂斯红豺群祖先传下来的习惯。豺的理解是，老豺生命的烛光快熄灭了，与其让它毫无价值地自然死亡，还不如让它为群体更好地生存奉献最后的生命。危急关头必须要一匹豺去死，挑选幼豺会损害豺群的未来，挑选成年公豺或母豺会损害豺群的现在，挑选老豺只损害豺群的过去。过去并不重要。对埃蒂斯红豺群来说，失去一匹生命力已差不多衰竭的老豺，当然比失去一匹生命力还很旺盛的年轻豺，损失要小得多。

在豺这样野性十足、靠杀戮为生的动物里，只有利害关系而没有道德准则，有利于群体生存的行为就是法律。

索坨登上豺王宝座两年多来，共发生过两次需要苦豺的紧急情况。第一次是在两年前的春天，豺群路过鬼谷时瞧见一只牛犊大小的虎崽，身边没有雌虎看守，豺群便来个顺手牵羊，把虎崽给撕碎吞吃了。谁料到豺群刚把虎崽吃完，雌虎就从树林觅食回窝来了，虎啸声地动山摇。豺群虽然凶狠，却也不是猛虎的对手，赛跑也略逊一筹；鬼谷是条狭长的山谷，两边都是刀削斧斫般的悬崖峭壁，豺群无法化整为零。要是放任那匹悲愤的雌虎随意追捕，说不清会有多少豺将被虎爪扇断脊梁被血盆大口咬断脖颈。没办法，只好让老公豺尾尖黑担当苦豺，尾尖黑转身朝咬牙切齿的雌虎迎面冲撞，与雌虎拥抱厮扭拖延时间。当尾尖黑发出最后一声惨嚎被雌虎拦腰扯成两截时，豺群已成功地逃出鬼谷钻进密匝匝的灌木林。第二次是在去年冬天的一场罕见的暴风雪过后，饥饿难忍的豺群铤而走险到尕玛儿草原袭击一支在野外宿营的地质队，地质队草绿色的帆布帐篷旁用碗口粗的栗树条搭着一个牛圈，养着一头让豺垂涎三尺的肥肥胖胖的花斑奶牛。豺群悄悄逼近地质队宿营地，看见雪地中有四条大狼狗在牛圈旁逡巡。大狼狗是狼和狗的杂交，既有狼的身坯和野性，又有狗的机警和忠贞，极难对付。只有先将四条大狼狗引开才能将牛圈里那头花斑奶牛吞噬充饥。开始它索坨选定母豺黄珊当苦豺，后来发生了戏剧性的变化，一匹名叫桑哈的老公豺自愿代替黄珊扮演苦豺的角色，只身暴露在四条大狼狗面前，嗬嗬叫着落荒奔逃。四条大狼狗兴奋地紧追不舍。等到白皑皑的雪野里红色的豺和黄色的狼狗都变成芝麻小黑点时，豺群像阵飓风刮进牛圈，在极短的时间内把花斑奶牛吃得只剩下一副白白的骨骸。惊慌失措的地质队员躲在结实的帆布篷里没敢出来。当四条大狼狗拖曳着桑哈僵冷的尸体返回地质队宿营地时，豺群已打着饱嗝回到日曲卡山麓。

一经选定为苦豺，就像判处了死刑，极少有生还的希望。

苦豺的心情是十分复杂的，既有大祸临头的恐惧，又有被不肖后辈所遗弃的愤懑，还有为种族生存而赴汤蹈火的壮烈。

索坨实在是迫不得已才硬起心肠决定要用苦豺来制服眼前这头躲地石缝里的母野猪的。

被选中的苦豺虽然年老体衰，却不乏与大型猎物格斗厮杀的经验。在必死的心态支撑下，苦豺会将剩余的生命浓缩凝聚在豺牙的豺爪间，像道红色的闪电蹿进雪帘洞去，将非致命部位肩胛白送进母野猪锋利的獠牙间；母野猪只有一张嘴，必然会顾此失彼；苦豺就用两只前爪在母野猪丑脸上胡抓乱撕。极有可能豺爪会抠瞎母野猪的眼珠，起码也会把丑陋猪脸撕得血肉模糊。母野猪疼痛难忍发出嚎叫，苦豺趁机一口叼住母野猪的耳朵、脸颊或鼻子，四条豺腿蹬住石壁拼命朝洞外拖曳。受伤了的母野猪更加凶蛮，会一口咬断苦豺的一条后腿，还有可能会一口咬穿苦豺的肚皮，豺肠豺肚漫流一地。苦豺早就横下一条心来，只要还有一口气就朝猪脸上频频噬咬。愚蠢的母野猪必定会被苦豺纠缠得头昏脑涨恨不得一口咬下豺头来。狂暴中母野猪会不知不觉顺着苦豺的拖拽方向朝前拱动，竭力想咬住苦豺致命的脖颈。于是，肉搏中的豺和猪慢慢从狭窄的石缝里退了出来。只要母野猪的身体一离开雪帘洞，早就在洞外等得不耐烦了的豺群便会呼啸着蜂拥而上。等到母野猪醒悟过来发觉上当想重新钻进雪帘洞去，已经不可能了，石缝已被七八匹年轻力壮的大公豺把守得严严实实，母野猪的身体上也趴满了被血腥味刺激得异常兴奋的豺。

结局已经想好，现在该用阴毒的眼光来选定苦豺了。

4

索坨纵身跳上一块蛤蟆形的突兀的岩石，居高临下用审视的目光将豺群扫了一遍。其实，它站在平地也能把伫立在面前的每一匹豺都看清楚。跳上蛤蟆形岩石绝非出于视力的考虑，而是王者的一种技巧。登高能显示威仪，能体现尊严，在遴选苦豺这样有关生与死的问题上，豺王的威仪和尊严是必不可少的。

索坨的目光在豺群十来匹老豺身上跳来跳去。这是一个严格的筛选和淘汰过程，必须保证被选中者是豺群中最年老最无用生命最衰竭的老豺。公正是使个体心甘情愿为群体去牺牲的先决条件。

蛤蟆形岩石左侧有一颗苦楝树，树下蹲着一匹老母豺。索坨的目光跳到这匹老母豺身上，作了短暂的停留。

苦楝树下的老母豺形容枯槁，肩胛瘦骨嶙嶙，颈下皮囊松弛，眼睑皱皱巴巴，身上的豺毛被树脂草汁粘成一绺绺，毛色酱红没有光泽，两排乳房失去了弹性，萎瘪得像几只干核桃。这匹老母豺虽然还活着，却离死神已经不远了。用埃蒂斯红豺群的传统标准来衡量，这是最合适不过的苦豺人选。但索坨的目光仅仅在老母豺身上逗留了一下便急遽地跳开了。

这匹老母豺名叫霞吐，是索坨的亲生豺娘。

它索坨的心肠就算比花岗石还硬比孔雀胆还毒，也不忍心让自己的豺娘去做苦豺呀。

索坨的目光从霞吐身上跳开，朝豺群中另外几匹老豺扫去。这些老豺的衰老度都明显地要低于豺娘霞吐。管它呢，索坨想，胡乱挑一匹来顶缺，只要让豺娘躲过这一关就行。

它瞄准正卧在雪地上脑袋一沉一沉打盹的老公豺达曼洪，这老家伙虽然略微比豺娘年轻些，但也已老得背脊上的毛都脱光了。还跛了一条前腿，虽说还能用三条腿在草原上追撵到兔子，毕竟是个残疾，又老又残，已快成为豺群社会中的废品了。可还没等索坨的目光在达曼洪身上定格，蹲在蛤蟆形岩石下好几匹成年大公豺改变了姿势，四肢直立起来，尾巴像旗杆似地笔直竖起，用爪子踢打着地面的积雪，搅起一团团轻烟似的雪尘。这是豺群社会一种特殊的身体语言，表达着内心的不满和激动。

在豺群社会中，管你是逊位的豺王，管你是昔日的王后，管你是豺王的哥哥姐姐还是老子娘亲，一概不存在可以赦免当苦豺的特权。唯一的标准就是年龄加衰老度。谁假如胆敢违背这条标准，将会受到血的惩处。

索坨愣了愣神，但很快就镇定下来。它虽然有点心虚，还是固执地将目光投向老公豺达曼洪。它要抢在众豺觉醒前把苦豺人选敲定下来。它想，就算个别大公豺及时看穿了它的私心，也或许会体谅它的苦衷，或许会慑于它豺王的威势，而默认了它这一次不算太公正的选择。它把眼珠子瞪得溜圆，目光如炬，毫不含糊地盯视老公豺达曼洪。

它紧张地等待着众豺的目光顺从它的意志，顺着它的视线投向老公豺达曼洪。

它对形势作了完全错误的判断。人心一杆秤，豺心也是一杆秤。人心不可侮，豺心也不可侮。没有一匹豺按它的意志去睥睨达曼洪。恰恰相反，好几匹大公豺在蛤蟆形岩石下面乜斜着眼睛将冷峻的暗藏着杀机的目光投向它索坨。雪帘洞外所有的豺停止了走动，都压低了喘息声，雪地一片沉寂。索坨明白，这是一种无声的抗议，一种无形的威逼。

索坨忍不住打了个寒噤，身体哆嗦了一下。它想起前任老豺王奈莫的遭遇。

那是大前年的深秋，饥饿的豺群在山坳里突然发现一只小羊羔。小羊羔卧在一堆枯枝败叶上，咩咩哀叫。对豺来说，羊羔是珍馐佳肴。但豺群围着羊羔驻足观望，馋得直流口水，却谁也不敢走拢去。荒野出现一头孤零零的小羊羔实在太蹊跷了，羊羔望见有豺群惊恐地咩叫着挣扎着想逃命，但刚站起来就又跌倒了。有两种可能，要么羊羔腿受了重伤，要么被绳索或铁丝固定在那儿了。枯枝败叶遮挡了豺的视线，虽然没嗅闻到什么异常的气味，也瞧不出什么破绽，但无法排除那堆枯枝败叶下埋设着捕兽铁夹这种可能性。埃蒂斯红豺群领教过捕兽铁夹的厉害，小母豺花脖儿就是误踩了猎人的机关，被捕兽铁夹害了性命的。谁也无法从记忆中抹去这恐怖的一幕：鸟声啁啾的树林里突然铿锵一声，爆发铁器叩击的脆响，U 形的沉重的铁杆在弹簧有力牵拉下，闪电般地砸在花脖儿的后脑勺，可怜的花脖儿白花花的脑髓流了一地，连哼都没来得及哼一声就命归黄泉了。想起来谁都心有余悸。可豺群又舍不得离开小羊羔，对豺来说，芬芳的羊膻味，肥腻的羔羊肉具有几乎是无法克制的诱惑力。放弃这顿美味晚餐，万一羊羔身体底下根本没有什么捕兽铁夹，岂不是天大的笑话，天大的冤枉！这进退两难的情景很自然地就形成这样一种局势，需要一匹苦豺前去试探虚实。当时埃蒂斯红豺群中年龄最大相貌也最衰老的要数老母豺雅倩了。雅倩是老豺王奈莫的妻子，相好已有十多年历史。奈莫老豺王也许是出于一种对老妻的怜悯之情，也许是觉得自己当了七八年豺王建立起可以随心所欲的权威，竟然把筛选的目光从老母豺雅倩身上滑溜过去停滞在一匹名叫秃秃的老公豺身上。秃秃虽然眼睛也粘满了浊黄的眵目糊，鼻吻间也皱褶纵横，但显然要比老母豺雅倩年轻些。索坨至今记忆犹新，当奈莫老豺王威严的目光盯视着秃秃并从紧抿的嘴角发出嗬呜——带有逼迫性质的嚣叫时，整个豺群沉默得就像冰山。奈莫老豺王一意孤行，走到秃秃身边先是用尾巴抽打，继而用爪牙驱赶，想迫使秃秃就范。秃秃赖在地上发出委屈的呜咽声。它索坨本来就对奈莫这么老了还占据豺王宝座不肯退位心怀不满，早就跃跃欲试想取而代之，只苦找不到适当的机会；它一半出于对不公正选择所产生的义愤，一半出于争夺社会地位的隐秘冲动，嗬、嗬、嗬，带头发出了不满的嚣叫。几乎所有的大公豺都学它索坨的样朝老豺王奈莫宣泄着内心强烈的不满情绪。奈莫老豺王执迷不悟，龇牙咧嘴朝它索坨扑来，企图用武力来平息这场骚乱。豺们群情激愤，在它索坨的率领下一拥而上，咬得老豺王奈莫落荒而逃。这件事成了埃蒂斯红豺群王位转移的契机，它索坨摇身一变成了新豺王。

它索坨说什么也不能成为奈莫第二。

瞧野心勃勃的短尾巴罗罗，唇须和嘴角的皱褶间漾着一丝讥讽和嘲弄，正幸灾乐祸巴望它犯奈莫老豺王同样的错误呢。

居心叵测觊觎王位的成年大公豺多的是。

索坨一阵心悸，赶紧把目光从老公豺达曼洪身上跳开去。

5

索坨狠狠心，再次把筛选的目光移向霞吐。霞吐身体缩进苦楝树背后，从褐色的树干后面露出两只迷惘惊诧悲凉愤懑的眼睛。索坨的眼光和霞吐的眼光在空中碰撞，撞得索坨头晕眼花，仿佛灵魂失足从百丈悬崖上跌落下来，产生了一种可怕的失重感。它的目光变得虚妄而软弱，承受不住豺娘沉甸甸的凝望，只好又把眼睛偏移开了。

它晓得豺娘霞吐把它养大是多么不容易。豺娘一胎生了三只崽子，有一只刚生下不久跌进水塘淹死了，还有一只养到半岁时被一只老雕从空中攫走。豺娘只剩下它一只宝贝豺儿，它享受着全部的母爱。天冷下雨，豺娘把它揽进胸腹底下，用自己的身体做它挡风的墙，遮雨的伞。为了它能得到足够的食物，豺娘在豺群猎获到食物后，不顾阶级地位排列的进食秩序，横冲直撞地挤到前面去抢夺糯滑可口营养最丰富的肠肠肚肚来喂养它；豺娘的举动自然会引起阶级地位比豺娘优越的公豺和母豺们的愤慨，受到意料之中的严厉惩罚；豺娘臀部有两块月牙形的伤痕，就是为它争抢好食物时留下的永恒纪念。记得在它索坨出生后的第一个冬天，埃蒂斯红豺群差不多连续五天没觅到食物，豺娘腹下的六只乳房再也流不出一滴奶了，它年纪尚幼耐不住这般饥饿，已差不多奄奄一息了，是豺娘将身体蹭在雪地上，将腰伛成弓形，将尖尖的嘴吻从后肢的胯间探进腹部，咬开自己乳房上的皮肉，用一滴一滴热血哺喂进它的嘴里，才使它没像豺群里其它幼崽那样成为一具饿殍。

它索坨怎能忍心将爱它疼它含辛茹苦把它抚养大的豺娘选为苦豺推进火坑扔给死神呢？

它的目光在豺娘霞吐和另外几匹老公豺身上跳来弹去穿梭往还飘游不定。它蹲在蛤蟆形岩石上歪着脑袋作沉思状，似乎正在进行认真的负责任的因此也是十分费脑筋的筛选苦豺的工作，借以掩饰内心的巨大矛盾。

豺群沉默着，这是一种不满的等待，一种耐心的警告。

索坨也知道，自己不可能永远地无休止地将筛选的眼光在空中飘来移去作逍遥游。豺王最重要的品格就是坚毅和果敢，不然就会逐渐失去来自下属的信赖，从而使自己的统治地位发生信仰上的动摇，最终导致政变危机。它不能再优柔寡断了，索坨想，必须尽快作出最后的抉择。可是究竟该选谁当苦豺呢？选达曼洪，意味着不公平，估计会遭到弹劾，导致自己被从豺王宝座赶下台；选豺娘霞吐，公平倒是公平了，可自己又受不了良心的拷问。怎么办？怎么办？

鹅毛大雪无声地飘落下来，天空一片昏暗。

噢吭——雪帘洞里的母野猪半天不见豺群的动静，大概还以为豺群奈何不了它，发出一声骄傲和洋洋得意的嚎叫。

短尾巴罗罗打了个响鼻，身体直立起来，两条前肢趴在蛤蟆形岩石上，这是一种想要取而代之的姿势，一种用心险恶的试探。

罢罢罢，索坨想，自己总不能昧着良心为了保住豺王地位而剥夺豺娘的性命。就让短尾巴罗罗率领那几匹不甘寂寞的大公豺扑上来把自己咬得鲜血淋漓，咬得落荒而逃，沦落成为一匹地位最卑贱的草豺好了，它就是要把筛选的目光罩定在老公豺达曼洪身上！

索坨的目光在空中划出道弧线，还没等落到既定的目标上，脑子里又迭显出两年多前老豺王奈莫偏袒老妻雅倩所造成的悲剧结尾。

它索坨率领几匹大公豺将奈莫无情地逐出了豺群。在众豺的一片刺耳的嚣叫欢呼中，它索坨成为新任豺王。接下来，仍将雅倩定为苦豺，几匹大公豺虐待狂似地在雅倩背后又撕又咬，逼迫这匹交了厄运的老母豺走向那只躺在枯枝败叶间咩咩叫的小羊羔。小羊羔的身体底下果然埋设着猎人的捕兽铁夹，老母豺雅倩被活活夹断了脖子。

历史将会重复，悲剧将会重演。

即使它索坨舍弃了王位，并不能扭转乾坤使霞吐免当苦豺。它救不了豺娘。豺娘此刻要扮演苦豺角色，那是命运，是天意。它何苦那么傻要将自己的王位和锦绣前程赔出去当殉葬品呢?

索坨站在蛤蟆形岩石上将尖尖的唇吻深深地插进积雪，雪片被它口腔中的热气所融化，一股彻骨透心的凉意弥漫全身。它需要把自己的良心放在冰雪中浸渍。然后，它又抬起头来狠狠甩了甩脖颈，把缠绕在胸臆中那片与豺的品性水火不能相容的温情甩脱掉。它的筛选目光坚定地沉稳地落在豺娘霞吐身上。

你就是苦豺！你必须做一匹为了群体的利益而奉献牺牲自己的苦豺。

豺群几十双残忍的眼光齐崭崭落到霞吐身上。嗬叽——响起一片赞同的尖嚣。

豺娘霞吐本来蜷缩在苦楝树背后，倏地弹跳起来，扭头就想朝荒山沟窜去。但已经迟了，早有防备的豺群几乎一眨眼就贴着悬崖形成 L 字形阵容，虎视眈眈的大公豺把守着主要逃路，只留下一个缺口，通往恐怖的雪帘洞。

霞吐把脸埋在前肢的臂弯里，躺在雪地里呜呜哀嚎着。

虽然埃蒂斯红豺群每一匹成年豺都明白筛选苦豺的制度有利于整个种群的生存，但事情一旦降临到自己的头上却较少有深明大义慷慨赴难的老豺。蝼蚁尚且苟生，哺乳动物豺就更爱惜自己的生命了，野生动物极少有自杀现象发生；野生动物在生与死的问题上大多遵循好死不如赖活这一生物规律。在选定了苦豺以后，当事者往往会使出各种手段试图逃脱厄运。有的老豺会口吐白沫倒在地上装死，有的老豺发疯般的胡咬乱扑，有的老豺会刻毒诅骂肆意咆哮，有的老豺会伺机逃跑……既然苦豺作为一种护群的制度存在于埃蒂斯红豺群，当然就有为保证制度被不折不扣地执行而配套的强制手段。那就是豺王来到苦豺身旁，先用舌头舔——进行安抚、劝慰和鼓励；继而用尾巴抽打——进行督促、威胁和恫吓；最后用爪牙撞击——进行胁迫、威逼和驱赶。倘若苦豺仍不愿就范，数匹成年大公豺便会围上来大张挞伐咬得苦豺皮开肉绽。曾经有一匹名叫岙岙的老公豺就因拒不履行苦豺的义务而被愤怒的豺群咬成碎片。

这严酷的手段要让每一匹被选定为苦豺的老豺知道，挺起头颅奔赴危难是死，却死得壮烈死得光荣死得重于日曲卡雪山；伛着腰杆畏缩不前也要死，并死得窝囊死得糊涂死得轻于绿豆雀羽毛。

两种死法，任君挑选。

按照豺娘霞吐的表现，现在到了该由它索坨前去进行武力规劝的时候了。豺群紧张地注视着它，几十双豺眼交织着生存的焦虑和嗜血的渴望。

索坨从蛤蟆形岩石顶跳回到了地面。

6

它离豺娘顶多二十米远，假如在平时，一个收腹猛蹿一刹那就可以赶到，但此刻，它觉得像是走在刚刚化冻的沼泽地里，沉重而又粘滞。它走得极慢，一步一步，希望这段路永远也走不完永远也没有尽头。

二十步的距离，再慢也会走到头。它舔了舔豺娘的额头，闻到了一股它十分熟悉的温馨的气息。

豺娘抬起头来用冷冷的陌生的眼光瞄了它一眼，又把脸埋进积雪。它心惊胆战地靠拢前去，甩动尾巴，象征性地在豺娘臀部拍打了两下。它不敢用力。它希望豺娘能理解自己迫不得已的苦衷。

索坨觉得自己的尾巴只是像蜻蜓点水般在豺娘臂部弹了弹，最多是拭去了点沾在豺毛上的灰尘，可豺狼的反应却异常激烈，像被雷电击中似的身体缩成一团，全身的豺毛一根根倒竖起来，嗬地惨嚎了一声。索坨明白，豺娘的心灵受到了巨大创伤。虽然它是如此轻描淡写地游戏般地用尾尖挥甩了一下，但这行为的特定含义是无法掩饰和无法更改的，那就是在驱赶豺娘迈向雪帘洞，迈向泛动着死亡冷光的母野猪的獠牙。尾巴抽打得轻重缓急丝毫也改变不了行为的性质。

一种强烈的内疚感在索坨心里翻腾。

它忽发奇想，假如它现在跟豺娘调换一下位置，豺娘会不会用尾巴抽它逼它呢？

答案其实在五年前就有了。

那是在它索坨刚满周岁的时候，豺群正在灌木林里行进，突然从树丛里飞出一只红翅凤头鹃，这只七彩羽毛的美丽的鸟儿不知是翅膀受了伤，还是太累了，飞得忽高忽低歪歪斜斜。它觉得挺好玩便淘气地追逐过去。红翅凤头鹃飞飞停停，更把它心逗得痒痒的。它不知不觉偏离了由富有丛林生活经验的大公豺踏勘出来的安全路线。红翅凤头鹃终于疲倦得飞不动了，停栖在离地面约一米多高的一根蛇状水藤上。它年纪尚幼缺乏谨慎，也不查看四周有没有可疑的蛛丝马迹，就贸然蹿跳朝水藤上的红翅凤头鹃扑去。鸟儿倒是被它扑进了怀，霎时间，寂静的树林里嘣响起弯曲的竹片被弹直的闷响。它还没明白过来怎么回事，一张透明的尼龙大网就从天而降，把它严严实实罩住了。它撞上了猎人铺设的鸟网。日曲卡山麓的猎人一般有四种捕鸟方法，一是放鹰追捕，二是用诱子诱骗，三是用金丝活扣逮小鸟，四是用尼龙网罩大鸟。这是一张专门用来捕捉山隼、苍鹰、鹭鸶、松雉等类大型鸟禽用的大网，用草茎般粗细的尼龙丝编织而成，十分结实。它在网里头用爪子撕，用牙齿咬，踢蹬搔挠，不仅没能从尼龙网里挣脱出来，反而让柔软的尼龙丝越缠越紧。它拼命嚎叫起来，咬了半天只噬咬开一只网眼。就在这时，传来狗群的吠叫和猎人粗鲁的吆喝声，还飞来几支蘸过见血封喉毒汁的弩箭。砰砰砰，响起了火药枪震耳欲聋的轰鸣。老豺王奈莫大概是觉得不值得为了一只半大的豺仔让整个豺群暴露在枪口、金竹弩和猎狗的爪牙下，呼啸一声率领豺群逃遁进茂密的树林。只有豺娘没跟着豺群一起走。豺娘仿佛没听见猎狗的吠叫、猎枪的轰鸣和野牛筋弩弦发出的震颤声，卧伏在尼龙网上，专心致志地拼命噬咬。一颗霰弹擦过豺娘的右耳，尖尖的耳廓被削掉了半只，血顺着豺娘的额角滴滴答答往下落。豺娘仿佛已失去了疼的知觉，连眼睛也没眨一下。终于又咬开了第二只网眼，锋利的尼龙丝把豺娘的嘴唇和舌头都割勒开了，嘴角泛动着殷红的血沫。它索坨的小脑袋从尼龙网里钻出来，至少得咬破三只网眼。豺娘进行最后的努力。猎人的脚步声越来越近，霰弹像蝗虫般在豺娘的头顶飞舞，弩箭像金环蛇在空中游窜。豺娘像生了根似的趴在尼龙网上，牙床拼命地磨动着。一条黑狗气咻咻跑到豺娘身后，疯狂地吠叫着跃跃欲扑。黑狗嘴腔里的气流吹得豺娘背脊上的红毛左右飘曳。豺娘来不及回首张望。黑狗终于大着胆子来咬豺娘的后腿，豺娘没舍得停止啃咬尼龙网，只是颠动腰肢猛地朝后蹬了一脚，黑狗受惊跳开了。这时，第三只性命攸关的网眼被豺娘咬破了。它费劲地从纠缠成一团的尼龙网中挣脱出来，由豺娘臀后，钻进树林，逃过了这场劫难。

别说豺娘跟着豺群逃离，即便是啃咬尼龙网时豺娘的决心稍稍动摇，在蝗虫般飞来的霰弹和张牙舞爪的黑狗面前产生刹那间的犹豫彷徨，它索坨早成为猎人的枪下冤鬼，柔软的豺皮早就被剥下来充当人类床上的垫褥了。

没有血脉相连的挚爱，没有至死不渝的母性，豺娘是不可能在九死一生间救它出罗网的。

而它，此刻却在用尾巴无情地驱赶豺娘去做苦豺。它大概是天底下最残忍最没心肝的豺了，它想。不不不，它一定要想出一个解救豺娘的办法来。

7

豺娘出于动物一种苟全性命和对死的恐惧的本能，赖在地上一寸一寸朝后退缩，竭力想离弥漫着死亡气息的雪帘洞远一点、再远一点。

索坨用两条前爪在豺娘脊背上推搡一下，又做了一个象征性的逼迫动作。豺娘呜咽着，朝前跨了一小步。

也不是完全没有可能改变豺娘去做苦豺的命运，索坨想。假如此刻有一匹老公豺自告奋勇地跳出来去替代豺娘，就可以达到既扫荡了野猪窝又保全豺娘性命这样完美无缺的结局。

豺群中曾出现过替身苦豺这样带泪的喜剧。

那是在豺群铤而走险袭击地质队牛圈时发生的事。需要一匹苦豺把四条大狼狗引开。当时它索坨把筛选的眼光瞄准了埃蒂斯红豺群最年老体衰的母豺黄珊。黄珊身上的红豺毛都老得褪色了，变成难看的土黄。黄珊忸忸怩怩悲悲切切正准备朝牛圈奔去，突然，豺群中那匹名叫桑哈的老公豺斜刺里蹿出来，截住了黄珊的去路。桑哈从年轻时就和黄珊是形影相随的伴侣，一起生儿育女度过了十几年风风雨雨。桑哈的年龄略比黄珊小些。桑哈和黄珊交颈厮磨，黄珊眸子里泪光闪耀，伸出舌头使劲舔吻桑哈的面颊。桑哈嚣叫一声冲向四条大狼狗……

老公豺替老母豺去赴汤蹈火，这真是一种美丽的感情。这跟豺王营私舞弊进行不公正的挑选完全不同。豺群是会默认这种志愿的替代行为的。

唉，假如父豺黑蛇还活着就好了，索坨想。索坨的父豺壮实高大，背脊上红色的皮毛间镶有一条弯弯曲曲的黑色斑纹，就像一片红罂粟花丛中缠绕着一条黑色小蛇。父豺对豺娘忠心耿耿，索坨记得很清楚，它还在吃奶时，豺娘寸步不离地守护着它，父豺东跑西颠去觅食，争抢到食物后总是自己舍不得吃来喂养正在哺乳期的豺娘。可惜，在它索坨未满周岁时，在一次围歼野牛的狩猎中，父豺勇猛地第一个跃上野牛背脊，用尖利的前爪捅进野牛的肛门，把冒着热气的牛肠掏了出来。不知是这头该死的野牛因剧痛而跌倒，还是因为心慌意乱在奔逃时被隆起的土坎绊倒，野牛突然訇地一声直挺挺倒地，还跌了个滚，把父豺压在身体底下。受了严重压伤的父豺好不容易从地上爬起来，垂死挣扎的野牛又凶狠地将犀利的牛角刺进父豺的肚皮……假如父豺黑蛇还活着，索坨相信，埃蒂斯红豺群将又会重演一幕类似老公豺桑哈替代老母豺黄珊去赴难的催人（豺）泪下的悲喜剧。遗憾的是，人死了不能复生，豺死了也不能复生。

可是，父豺落难后，豺群中很有几匹大公豺向豺娘献过殷勤的呀。它们在哪里？它们在哪里？索坨的爪子在豺娘身上踢蹬着，眼睛却在豺群中搜索。哦，屁股上有一块白斑名叫老白屎的老公豺，就蹲在离豺娘几步远的一个浅雪坑里。这家伙年轻时对豺娘垂涎三尺，老像影子似地围着豺娘转，豺娘口渴了要去水塘喝水，这家伙就会赶在前头替豺娘开道，驱赶走讨厌的水蛭和躲在草丛中的毒蛇，豺娘看中了正在荷叶上呱噪的青蛙，这家伙就会不顾掉进水里弄湿皮毛而猛地从岸上扑向湖心。哦，还有那匹名叫老骚公的家伙，年轻时特别喜欢舔豺娘的尾巴，总是趁半夜豺娘熟睡之际，偷偷爬到豺娘身边，伸出湿漉漉的舌尖千遍万遍地舔豺娘那根光滑如锦缎的尾巴，好像豺娘的尾巴是用蜜糖做成的。有时豺娘被老骚公弄醒，便会愤怒地把老骚公蹬得四仰八叉。不管豺娘惩罚得多厉害，老骚公从不翻脸从不还手，总是像摊稀泥似地趴在豺娘面前，尖嘴上翘发出滑稽的嚣叫，满脸痛苦得就像要立刻晕死过去。老骚公此刻站立的位置虽然离豺娘较远，中间还隔着那块蛤蟆形岩石，但绝不会看不见豺娘现在危难的处境。

记得有一次，豺娘在一片长满鸟不宿野藤杂草的灌木丛里逮一只老鼠，不小心后腰部位被毒刺刺了一下，红肿发炎了。豺受了这类伤痛，就不断地用舌头舔疮口，豺的唾液有镇痛消炎的作用。这受刺的部位靠近后脊背，豺娘自己无法舔到，需要别的豺来代劳。老白屎和老骚公都抢着为豺娘效力。老白屎刚趴到豺娘的背上在一片脓腥的伤口舔了几口，老骚公就衔住老白屎的尾巴，把老白屎拖下背来，自己取而代之来兴致勃勃地舔。老白屎愤愤不平地嚣叫起来，一口咬住老骚公的大腿，把老骚公摔到一边。两匹大公豺为争夺舔豺娘创口的承包权和专利权打得头破血流，仿佛豺娘化脓的伤口是山珍海味。

现在，不管是老白屎还是老骚公，只要拿出当年的一半殷勤来，就会有足够的勇气站出来扮演替身苦豺的角色。

索坨使劲拿眼色提示老白屎，你也已经老得连只草兔都追不上了，为了你曾经钟爱过的豺娘，难道就不能作出牺牲么？

老白屎睁着眼，冷漠地望着正在迈向雪帘洞的豺娘，脸上连一点怜悯的表情都没有。

老骚公，你爪子上的指甲已经磨秃了，你顶多再活个一年半载寿限也就要到了。为了你曾经痴迷过的豺娘，你何必吝啬这区区一年半载的残剩的生命呢！嗬嗬，索坨扭头朝老骚公发出一串央求的嚣叫。你不是很喜欢舔豺娘的尾巴吗，只要你勇敢站出来，豺娘一定会翘起尾巴让你舔个够的。不不，豺娘还会伸出舌头来舔吻你的脊梁和脸颊，送给你无限的感激、赞美、尊敬和爱意。

老骚公的表现更加差劲，盯视着豺娘的那双眼睛凶光毕露，两只后爪不停地刨着雪地上的积雪，搅得本来就昏暗的天地又添许多凄迷。这家伙还带头朝索坨嗬叽发出催促的嚣叫，是在抱怨它索坨驱赶得太慢，措施不够有力。这家伙巴不得豺娘速速前去送死，好快快换来可以塞饱肚子的喷香的野猪肉。

这狗娘养的杂种！

豺娘似乎很有自知之明，虽然一路挣扎，却没向任何过去曾跟自己有过感情瓜葛的老公豺投去一束求援的眼光。

豺娘老了。任何雌性动物都是一样的，年轻时是一朵花，年老色衰后就是豆腐渣。

豺娘年轻时要有多美就有多美，纤细的腰，丰腴的臀，紧凑的毛，饱满的乳，尖挺的耳，聪慧的眼，金红色的皮毛像是用霞光编织成，浅黑色肉感很强的嘴唇天生具有勾摄公豺灵魂的魅力，假如豺娘现在还年轻，老白屎和老骚公也许肯为了豺娘一个倩巧笑靥，为了豺娘迷人的秋波而代替豺娘去赴汤蹈火的。现在，时过境迁，浓烈的感情早就随着豺娘年龄增大而逐渐寡薄稀淡，最后化为乌有了。

时光不能倒流，感情也无法逆转。

也许天下最靠不住最容易变化的就是那种异性间的情感。

看来，桑哈和黄珊是绝无仅有的例外。

索坨怏怏地放弃了让曾经与豺娘关系微妙的老公豺自动站出来顶替苦豺角色的指望。

8

豺娘在索坨的逼迫下，朝雪帘洞走了十几步。石缝已近在咫尺，里头一阵阵飘来野猪的腥臊与恶臭。石缝里唏哩哗啦响，母野猪一定是预感到豺群将发起致命的袭击而鬃毛倒竖磨牙舔爪准备进行生死搏杀。

豺娘蹲在石缝前，阴郁的眼睛凝视着灰色调的天穹，嗬噜叽儿，嗬噜叽儿，发出不知道是在悲叹还是在诅咒的嚣叫。

嗬——豺群齐声嚎叫起来。

索坨晓得，豺群是在进行集体催促，集体威逼。天快黑了，凛冽的北风已快把它们的四肢冻麻木了，饥饿已使得好几匹幼豺虚弱得连站都站不住了，它们早已经等得不耐烦了。

它扑到豺娘身上，张嘴在豺娘的腿弯外咬了一口。这是一种警戒一种惩处。它身为豺王，它必须得这样做。豺群的忍耐是有限度的，假如它再迟迟不动真格，很难预料饿绿了眼的豺们会做出什么事情来。当然，它没像通常对付死皮赖脸的苦豺那样往死里咬，而是口下留情，大裂着嘴似乎是在进行致命的噬咬，其实是虚张声势，只咬破了豺娘丁点儿皮肉。

它看见，豺娘眼角沁出一滴混浊的泪。

它的心又抽搐了一下。它实在是黔驴技穷，想不出能拯救豺娘的办法来了。正视现实，认命吧。

豺娘冷不丁扑跃上来，咬索坨的耳朵。索坨有点意外，但很快明白是发生了豺群社会极其罕见的苦豺反叛行为。豺娘气它恨它恼它怨它于是就想报复它。它完全可以一摆脑壳机灵地躲避掉豺娘的噬咬；豺娘虽然来势凶猛，但动作迟缓；它还可以趁机一口咬住豺娘的喉管，但它放弃了躲闪和反扑，岿然不动地让豺娘将自己整只左耳叼进嘴里。

自己失掉了一只耳朵，也许能减轻豺娘的怨恨，索坨想，母与子无法拆散的感情也许就容易拆散了吧。它等待着，等待着耳朵软骨被犬牙咬碎的咔嚓声，等待着钻心的疼痛和继之而来麻木的感觉，等待着咸津津的热血涌流出创口漫进嘴来。血能冲淡它对豺娘的怜悯与同情，这种怜悯与同情是和它豺王的身份水火不能相容的。血也能使豺娘幡然醒悟，放弃与命运的无谓抗争。它宁肯失掉一只耳朵，来减轻逼迫亲生豺娘去做苦豺这深重的罪孽感。

它不挣扎不动弹静静地等待着。

豺娘曾为了救它而被猎人的霰弹打掉了半只耳朵，它现在让豺娘顺利地咬掉自己的一只左耳，就算连本带利还清了这笔感情债。

一物还一物，等于甩包袱。

奇怪的是，好一会儿过去了，既没有耳骨脆裂的咔嚓声也没有钻心的痛楚，只是耳根有些微疼。豺娘的牙齿还没脱落，还没衰老到连只耳朵都咬不下来呀。豺娘，你还犹豫什么呀，该咬的就咬，不咬白不咬，你有权对忤逆的豺儿进行血的发泄。

突然间豺娘松开了闭阖的嘴，朝后退了一步。索坨的左耳被豺娘从温热的口腔里吐了出来。耳廓原封不动完好无损，只是黏黏地涂了一层豺娘的唾液而已。

豺娘发出一声无可奈何的长嚣。

索坨的心灵再一次震颤。豺娘虽然气它恨它恼它怨它，却舍不得咬下它的耳朵，舍不得让它变成一只破了相的独耳豺。

其实按确切的年龄计算，豺娘在埃蒂斯红豺群中并不算是最老的豺。跛脚老公豺达曼洪就比豺娘要早出生两个月。但从外表看，豺娘比达曼洪要衰老些。索坨心里很清楚，豺娘是为了它能稳稳当当地坐在豺王这把交椅上，才突然从风韵犹存的壮年跌滑进老态龙钟的暮年的。

老豺王奈莫刚刚被撵下台不久，它索坨在豺王的位置上还立足未稳，就受到了大公豺罗罗的挑战。罗罗比它索坨大半岁，爪牙和它一般锋利，体格和它一般健壮，在它当上新豺王前，罗罗和它在豺群中地位相当，都是猎兔擒羊的能手和骨干。若要认真比较它和罗罗的猎食技艺谁更强，公正地说，应该是各有千秋各有绝招。在狩猎大型食草类动物时，它能出其不意地跳上正在奔逃中的猎物的背上，像蚂蟥似地叮在上面，任猎物怎样跳跃颠簸也休想把它甩下来。罗罗弹跳极好，能笔直蹿跳两米多高把趴在树枝上打瞌睡的树鼩一口咬下来。在有群体意识的动物里，两个个体阶级秩序越接近，其紧张度也就越高。罗罗肯定对它轻易当上豺王颇不服气，视为一种不公正的命运安排。不可避免的矛盾就这样产生了。追捕到猎物，罗罗肆无忌惮地抢先一步啃吃肥腻的内脏。逐食秩序就是阶级秩序，这分明是有意在挑衅。夜晚在石钟乳溶洞里睡觉，罗罗也不管不顾地占据本该属于它豺王的中央位置。有一次在奔跑中它无意中踩踏了罗罗的尾巴，罗罗竟然朝它咆哮……那段时刻，埃蒂斯红豺群笼罩在压抑恐怖的气氛中，每匹豺心里都明白，它和罗罗之间一场争夺王位的厮杀迟早要发生了。它心里忐忑不安，它反复掂量过形势，实在没把握能赢罗罗。爪牙无情，极有可能会两败俱伤，那么，接踵而来的地位挑战者就会很轻松地把它撵下台去。

它忍气吞声尽量避免和罗罗发生正面冲突。罗罗想吃猎物内脏就请吃吧，罗罗想睡溶洞中央就请睡吧，和为贵，它要尽量拖延这场对它来说很不利的血腥的王位争斗。

可罗罗得寸进尺，那一次豺群走出古戛纳河谷，它想去牧草葳蕤的螺丝滩，刚向豺群发出指令，罗罗突然截住三四匹成年公豺和十几匹母豺幼豺，掉转头要朝相反方向的温泉谷走。狩猎方向行进路线觅食区

豺狼们带
着胜利的喧哗
带着终于摆脱了
饥馑的欢呼
一拥而上

域历来是由豺王决定的，这不仅仅是一种义务和责任，还是一种权力的象征。要是顺从罗罗的意志让豺群去温泉谷，就等于将豺王的权威拱手让给了罗罗。这已经不是气焰嚣张的挑衅，而是货真价实的政变了。看来，流血已不可避免。它龇牙咧嘴朝罗罗怒嚎了一声。早有准备的罗罗曲着腿弓着腰用刻毒的眼光望着它。叛乱分子箭上弦刀出鞘啦。

这将是一场非死即伤的恶斗。

就在这时，豺娘闷声不响从围观的队伍里蹿出来飞快地朝趾高气扬的罗罗扑上去。罗罗全副精力都集中在对峙的索坨身上，根本没有防备，在闪电般的扑击下愣了愣神。豺娘一口咬住罗罗的尾巴再也不松口。罗罗惨叫着，回身将四只豺爪按在豺娘身上，在豺娘大腿上连皮带肉撕下一大块来。豺娘血流如注，伤口露出白森森的腿骨。可豺娘仍紧紧地咬住罗罗那条绛红色的潇洒的尾巴不松嘴。咔嚓一声，罗罗的尾巴被咬掉了大半截，豺娘也晕倒在血泊中……

罗罗失去了大半截尾巴，威风也锐减大半，野心也被迫收敛了大半，再没敢对它索坨进行公开的挑衅。

豺娘失血过多，在草丛中整整躺了三天才站立起来，虽然侥幸没落下残疾，却明显地消瘦了，额头和颈项上的豺毛一绺绺秃落，眼屎也多了，牙齿也松了，露出无法掩饰的衰老相。

它明白，豺娘是在用提前衰老这昂贵的代价替它清扫生命道路上的障碍，驱散笼罩在头顶的阴霾。

9

独眼豺、白脑顶、兔嘴多多和短尾巴罗罗不怀好意地朝豺娘围聚过来。它们唇角银白色的胡须隐藏着杀机，栗色的瞳仁里流动着一抹残忍的光。它们散成半圆形慢吞吞朝正在雪帘洞口磨蹭耍赖皮的豺娘逼近，没有尖啸没有嚎叫也没有咆哮，对豺来说沉默是最危险的信号。

索坨知道这几匹脾性乖戾的大公豺想干什么。它们要惩处胆敢反叛的苦豺，它们会残暴地将豺娘活活撕咬成碎片。

索坨本来是并排站在豺娘身边的，没来得及往深处想，一扭身横在豺娘和四匹大公豺中间，背靠着豺娘，面对着气势汹汹的大公豺们，嗬叽，发出一声拦截性质的短促的嚣叫。

它绝不能看着豺娘遭受暴力凌辱。

四匹大公豺停了下来，你看我我望你，似乎在交流看法统一意见。突然，独眼豺、白脑顶和兔嘴多多以短尾巴罗罗为中心，围拢成一团，尖嘴对着尖嘴，嘀嘀叫起来，长嚣短嚎，此起彼伏，抑扬顿挫，阴寒寒冷嗖嗖，持续了将近有一分钟。

索坨是豺王，自然明白几匹大公豺亲嘴似地脸凑着脸意味着什么。这是埃蒂斯红豺群独特的结盟仪式，一种串通勾结沆瀣一气的集会，一种互相帮衬同仇敌忾的宣誓。毫无疑问，它们联合起来要对付的就是它索坨。

还没等它想出应付的办法来，后面整个豺群也骚动起来，躺着卧着蹲着的豺统统站立起来，以它索坨为焦点，缓慢地压了过来。洁白的雪地上一大片蠕动的红色，就像一片荒火在蔓延。这真是触目惊心的红色恐怖。

索坨这才意识到了自己触犯了众怒。不管怎么说，这四匹大公豺是打着维护埃蒂斯红豺群传统的苦豺制度的旗号朝豺娘围聚过来的。从生存的角度看，即使豺娘被撕咬成碎片，也是咎由自取罪有应得。它身为豺王，是无权干涉它们，也无权阻拦它们的。它违反了常规转身拦截了它们，在众豺的眼里，它就成了叛逆的同党，成了破坏苦豺制度危及豺群生存的罪魁。

这是群起而攻之的最好理由，也是发动政变的最佳借口。

危机迫在眉睫。

现在它只剩下一个解脱的办法，那就是立即掉转头去，第一个扑到豺娘身上，不是演戏而是动真格的，不是象征性而是实实在在地用尖爪撕得豺娘皮开肉绽，用利牙咬得豺娘筋断骨裂；用豺娘的血洗净自己身上叛逆的嫌疑，用豺娘的生命把自己从千钧一发的危急关头解救出来。它若不这样去做，只有一个结果，就是和豺娘一道，被丧失了理智的豺群活活吞吃掉。何去何从，需要当机立断。

假如索坨是一匹人类字典里的豺，会毫不犹豫地转身把豺娘扑倒在血泊中；人类字典里的豺几乎就是丧心病狂的魔鬼的同义语。但索坨是日曲卡山麓有血有肉的真实的豺，它突然踅转身去，高高跃起，越过豺娘的头顶，稳稳落在雪帘洞口。它朝黑黢黢的石缝气势磅礴地嚎叫了一声。

假如豺娘不咬开自己乳房用血浆喂它，它的小生命早就玩完了；假如豺娘不冒着自己的身体被霰弹打成蜂窝状的风险，它永远也休想从结实的尼龙鸟网里逃生；假如豺娘不把罗罗的尾巴咬掉大半截，它早就变成一匹地位卑贱的草豺了……这么些的假如相加起来，难道还不够它索坨为豺娘去死一次吗？

雪野静悄悄，死一般的沉寂。豺群被索坨的举动镇住了。一匹生命力极其旺盛的年轻豺王为一匹生命力已快衰竭的老母豺去做替身苦豺，这在埃蒂斯红豺群中是旷古未有的奇事，完全不符合汰劣留良这条生存规律。可是，这罕见的行为所表达出来的凝重的感情和超越生死的爱意谁也无法加以指责。

四匹大公豺停止了向豺娘靠拢。短尾巴罗罗羞涩地将脸埋进积雪。有几匹年轻的母豺发出歇斯底里的哀叫。

永别了，豺群。

索坨心里明白，尽管它是精力充沛格斗娴熟的豺王，但在如此狭窄的石缝里和凶蛮的母野猪面对面肉搏，生的希望是极其渺茫的。它深深吸了口气。它要镇定一下情绪，让意志和力量都凝聚在四只利爪和那口犬牙上。它既然自愿代替豺娘去做苦豺，就要不失豺王的气度和胆魄。它不能白白浪费自己宝贵的生命。它一定要在被母野猪的獠牙咬断脖颈前把这发猪瘟的家伙拽出洞来！

母野猪在石缝里紧张地哼哼着。索坨耸肩收腹，把身体的重心移向后腰，准备进行生命的最后一次冲刺。

就在索坨瞄准石缝曲弯后腿想用力弹跳的瞬间，突然，它的右肩胛遭到了猛烈撞击，身体朝左歪仄，站立不稳，跌倒在雪地里，打了两个滚，摔出好几步远，偏离了洞口。

它恼怒地瞪眼望去，哦，原来是豺娘撞倒了它！豺娘取代它站立在雪帘洞口。豺娘神情凛然，蓬乱的皮毛奇迹般地变得紧凑，黯淡的毛色也突然间变得油光闪闪，生命被死神擦亮了。在洁白的雪的衬托下，豺娘就像是太阳的一块碎片，就像是天宇吐出来的一团霞光。

嗬——豺娘发生一声撕心裂肺般的嚎叫。

还没等它索坨从地上爬起来，豺娘就像团火焰似地蹿进了石缝。

石缝里的母野猪像被火焰灼伤了似地吼叫起来。传来激烈的撕咬声。豺娘的嚣叫、母野猪的呻吟和猪崽的惊呼混成一曲奇特的交响乐。石缝太狭窄了，索坨无法钻进去帮豺娘的忙。石缝里漆黑一片，什么也看不见。只看得见豺娘的臀部在洞口拱动和扭曲。豺娘一寸一寸地朝洞口外退却。一股污血从石缝里渗流出来，染红了洞口一大片白雪。

终于，豺娘把母野猪上半身拖出了石缝。

豺娘脸上血肉模糊，半张头皮被母野猪撕咬开来，露出灰白色的头盖骨。豺娘的一只前爪刺进母野猪的左眼窝，玻璃珠似的硕大的猪眼在空中摇晃。豺娘两条后腿拼命往后蹬蹭。母野猪满脸血沫，将一只前爪搂住豺娘的腰，尖尖的猪嘴竭力向前拱动。突然，母野猪的獠牙叼住了豺娘的腹部，猪头左右摇摆，噗的一声将豺娘的肚皮咬开一个血窟窿，肠子流了一地。豺娘已没有力气哀叫了。也许是洞外凛冽的北风飞旋的雪花促使母野猪昏热的头脑冷静下来，也许是洞外红压压的豺群使母野猪意识到自己的危险处境，也许是豺娘热血快流干力气快耗尽因此减弱了朝外拖拽的力量，母野猪突然停止朝前拱动，扭动脖子拼命朝后退缩。豺娘支持不住，竟被拖回石缝口。要是被母野猪退进石缝，豺群前功尽弃，豺娘的血也算是白流了。嗬——嗬，豺群齐声嚣叫起来。这大概是世界上最悲壮的拉拉队了。豺娘拼出最后一点力气，在石缝口蹦跶了一下，将自己的脖颈奉送进臭烘烘的猪嘴里。母野猪不由自主地用獠牙狠狠噬咬住豺娘的脖颈，而短暂地停止了朝石缝内退缩的动作，豺娘趁机将另一个前爪刺进母野猪的右眼窝。剧烈的疼痛使母野猪丧失了理智，双目失明使它无法辨清方向，它的躯体拱出石缝，扑在豺娘身上胡啃乱咬。

母野猪拱出石缝的瞬间，索坨敏捷地扑跃到猪屁股上，施展豺最厉害最拿手的绝招，将一只利爪捅进母野猪的肛门，捣鼓着猪肠猪肚。

这发猪瘟的家伙疼得完全分不清东南西北了。

豺群带着胜利的喧哗，带着终于摆脱了饥馑的欢呼，一拥而上。铅灰色的天穹下展开一场疯狂的屠杀。

豹子最后的舞蹈

◎陈应松

我漫游在星星之间，我深知
即使它们都暗淡了
你的双眼仍能亲切地闪烁

——蒙塔莱

（某年某月，神农架一年轻姑娘徒手打死一只豹子，成为全国闻名的打豹英雄。当人们肢解这头豹子时，发现皮枯毛落，胃囊内无丁点食物。从此，豹子在神农架销声匿迹了。）

在我生命的最后几年里，我整日徜徉在神农架的山山岭岭。我老啦，这种衰老是无法用言辞来表达的。衰老就是衰老，包括我生命中的各种欲望。我现在惟一的欲望是进食，除了水，我需要肉，带血的肉，嚼它，品尝它，伏在某一棵天师栗树下，或是一处灌木丛中，头上悬垂着紫色的“猫儿屎”和通红的老鸹枕头果。然后，我舔食那些动物们的血肉，带着满腹的胀意美美地睡上一觉，不惧寒露和星星，在沉沉的山冈上，在山谷里，重温往日的旧梦。

我是一只孤独的豹子，我的同类，我的兄弟姐妹，我的父母都死了，我是看着他们死去的；有的是无声无息地消失了，像一阵又一阵的岚烟，像一片掉落进山溪的树叶——它们是不会回头的。

孤独，我们的天性。我们天生是孤独沉默的精灵，我们偶尔吼叫，那也是在没有同类的时候，用以抒发我们内心的心事，还有豪气。我们只想听听我们的回音，在山壁上的回音，在茫茫的夜空中的回音。那是我们期待的回答。也就是说，我们只喜欢听我们自己；有好几次，在我得意时，我看我喷发出去的吼声是否震落了天上的星星。我以为，我总能震落那些高傲的星星的。后来应验了，在我的一声吼叫后，我看见西南角的星星像雨点一样滑落下来，半个时辰后还稀稀落落地往下掉。可是，我们的孤独是幸福的孤独，是知道在某一处山谷里还有着我们的族群，有着我们的所爱，有着我们的血亲……而如今，我的孤独才是真正的痛苦的孤独，没有啦，没有与我相同的身影，在茫茫的大山中，我成为豹子生命的惟一，再也没有了熟悉的同类。我有一天意识到这个问题时，好像掉下了一个无底的深渊，永远地下坠下去，没有抓挠，没有救助，没有参照物——那一定是时间的空洞，是绝望，是巨大的神秘和恐慌。在那种失重感的恐惧中，有一天我定下心来，我决定活下去。决不决定无所谓，我总得活下去，吃、喝、拉、撒、睡。

我渴望食物，以及在饱食终日中的温暖，这已经是我垂死挣扎的日期了，我的游荡步履蹒跚。我渴望着温暖，然而现在是三月，是严峻的三月，山上的积雪还没有融化，到半夜的时候，偶尔会飘上一场雪花，它们轻盈地落在我皮毛上的样子过去是抒情，现在是寒冷。对于季节的转换我已经心如古井了。我听见了麂子们清长的唳叫，那是对春泉的呼唤。在低山地区，农人开始了选种，他们要上山种洋芋和苞谷了。更多的南麦在早春的寒意中抖索着，生长着，稀稀拉拉。

在陡峭的山地上，这些麦子还不及大蓟长得茂盛而体面。我看见了大蓟吗？噢，它们长着坚硬的刺，面色发亮，就是在这儿，我与一头豪猪遽然相遇。只有豪猪才敢在这儿穿行，它们的刺抵御着大蓟的刺。豪猪找到了这样的乐园，也是一个讽刺；它们应该有更温暖的家，可是，哪儿比这更安全呢？在树木被砍伐过的地方，大蓟从海拔零米的地方开始了疯狂的翻山越岭，占领着那些只留下树桩和哭泣的空地，俨然成为了山岭的主人。

我看着那只豪猪，在这样多刺的山头它也变得更加怒气冲冲了。我能征服它吗？我看着它毛刺倒竖的样子，我压根儿就没征服过它。可是，我想着它一身刺下潜伏的美味皮肉。我舔着嘴唇，可这头豪猪是如此鄙夷地看着我，慢慢吞吞的，知道我没有了力量，过去没有让我战胜，现在更加休想战胜了。

豪猪钻进了大蓟深处，接着惊起了一只红腹锦鸡，是一只母鸡。这曾是我的美味佳肴，我仰头望着它飞走了，我只能望着，并且不想等候它的飞回。我还知道，在大蓟中，也许有一窝蛋，一群嗷嗷待哺的雏锦鸡，但是我不能纵身进去。面对着大片的大蓟，你是无能为力的。

这是一个叫芒垭的岭子，我要到一个沁水的水窝去，我只好喝水。我小心地绕开猎人们下的套子，钢套和绳套，还有阴险的垫枪。我一共绕过了十几个套子。有一天，我经过一个叫凉风垭的地方，见到过一百多个套子。在这么多套子的丛林里穿行，对我来说已不算一回事了，不然，我不可能活到如今，我的奇异之处使我成为了最后的见证，成为所有痛苦的集大成者，焦点，成为痛苦中的痛苦，孤单中的孤单，死亡中的死亡。

我喝饱了水，看着自己的影子。在小水窝的周围，布满着更多的套子和黑洞洞的枪口，猎人们知道这种地方会引来喝水的猎物，所以野兽们总是匆匆地喝完水就匆匆地走了。而我却想在此待上一会儿。我累了，我得歇歇，再说，我不再害怕死亡，面对着那些喷火的枪口，滚珠、钢筋头以及更迅猛的铜弹，我没有了惧怕，死亡是迟早的事，而我已经躲过了一千零一次。我看着自己的面容，它丑陋、荒凉，魂不守舍，因饥饿而多少有几分哀伤。我听见了一个农人的唱歌，那是农人，不是鬼鬼祟祟的猎人，猎人总是一声不吭，且心事重重，农人总是欢乐的；他在暮色中唱着一首姐儿情郎的歌。我不知道这个季节他们在山上能收割到什么，只能是猪草吧。

“我要吃猪!”对猪的渴念使我不自觉地来到了一处我过去掩埋猎物的地方，我闻着那个地方依稀可辨的腥气，岩羊、青羊和麂子的腥气，甚至还有一只羚羚的腥气。这只是臆想吧，这已经是多年前的故事了，雨水和时间早把它们美妙的气味冲得一干二净。我又爬到一棵古松上，这儿曾经挂过我的食物，挂过一只小野猪，一只小熊的后胯。

现在，我躺在古松上，刚才上树用力使我气喘吁吁。我望着四周，渐渐沉落下去的白昼，悄悄围上来的黑夜，我直发困，肚里饥肠辘辘。这时我想念起我的兄弟来。他叫锤子。他总是喊着我的名字："斧头，斧头！……"我希望他是喊我的名字，而不是叫我"复仇！复仇"。可是，我听到的却是："复仇啊，复仇！"

老林里此刻又响起了这样的声音，我兄弟的声音。这是耳鸣吗？近来我老是梦见我的兄弟，老是听他在梦中向我授意，要我复仇。这已经有几年了。

我与我的锤子兄弟很难说我们有什么感情，只是在母亲带领我们的那两年里，我们曾经亲密无间过，自从我们长大，被母亲驱赶着分离后，我们就各自占有了一个山岭，我们并不打招呼，熟视无睹，在发情的季节，我们甚至成为了情敌，常常咬得鲜血直流。但是我的兄弟老是出现在我的梦里要我复仇，喊着我的名字。他是如此的固执，他的鬼魂是如此固执。可是他不知道，我是如此的势单力薄，就是有三十头豹子又怎样呢？复仇的愿望永远是不可能实现的。

我的兄弟惨死在我们共同的敌人老关的枪口下。我说的"我们"，是指我们所有的野兽，不光只我们豹子家族。我的兄弟的一只爪子被老关砍下来，将其掏空，做成了一个烟袋。这只"烟袋"的五只指甲完好如初，那就是我兄弟的手，它们张扬着，抓得死任何猎物，铁一样的，不然我们的母亲为何将他取名为锤子呢。我看见老关在我兄弟的爪子里掏出一撮烟丝来，放进他的烟斗中。那是一支很长的铜箍竹节的烟斗。在某一天黑夜的窗口，我在山头远看他吧嗒着，坐在火塘边，我的兄弟的爪子晃荡在火光里。

现在要说到老关的两条猎狗“雪山”、“草地”了。它们是人类的帮凶，助纣为虐。我兄弟的最后一口气就是雪山咬断的，草地也曾剜下我母亲的一只眼睛。这些凶恶的猎犬，它们简直像青鼬和豺，要剜掉所有猎物的眼睛，它们伸出爪子挖眼掏肛，手段极其残忍。难道雪山、草地也是青鼬和豺的杂种吗?

我的兄弟是一只凶猛的豹子，但他缺少脑筋。他对家畜的攻击是十分稀少的，主要在自己的领地与那些温顺的偶蹄动物们过不去。不过他就是不伤害一头家畜，老关和像老关一样面孔的人都将把我们斩尽杀绝。可以说，在这块地方，遍地都是我们的仇人。我们和人类的对峙已经有若干万年了，现在这种对峙愈来愈强烈，最后的结果是，我们失败了，我们的亲人，都带着仇恨闭上了他们的眼睛，他们至死也不明白，人类为什么会有这么强大，会对我们恨之入骨。我们总是躲着人类行走，这是母亲教给我们的。母亲说，不要惹他们，他们有枪。别看他们会微笑，他们的眼睛深处闪烁着嗜血的渴望。母亲说，有一年，她看见人类相食，而我们这些豹子，就是饿死，也不会去啃啮另一只豹子的肉体。

说到我的兄弟惹祸，是因为他太自信太忘乎所以的缘故。那时候，他决定征服一只苏门羚，在当地，它叫大羊。这只大羊是从棺材山下来的。棺材山是青羊、岩羊和大羊们的乐土，甭说是我们，猎人也上不去。可是这只大羊出现在我兄弟的眼里时，我的兄弟产生了一股虚妄的激情。征服这上千斤重的大羊，我的祖先可能有过，我没有见过。

我无法阻止他愚蠢的举动，我在我的山头隔着一条峡谷望着他。我甚至不给他提醒，我不敢贸然闯入他的领地，在这一点上，我像我的祖先——对自己的同类冷漠无情。我知道大羊是不好惹的。

我的兄弟在第二次见到大羊后，就决定对它动手了。他潜伏在一片老林和草甸的边沿，在那儿，他企图切断大羊逃跑的道路，因为大羊是在老林藏身，而又要在草甸上吃草的动物。它跟一般偶蹄动物不同，它喜欢纵深到草甸的更远处，不害怕没有逃跑和藏匿之路。在我兄弟动手之前的几天，我看到了大羊是怎样将一头觊觎它的老熊打得大败的。这是难以置信的，猎人不是有一猪二熊三虎豹之说吗？我的兄弟对此一无所知。

我的兄弟第一次接触大羊是在一个燠热的中午，在夏天，我的兄弟战胜猎物的欲望尤其强烈。他靠近大羊的时候，大羊十分警惕。我的兄弟是没有见过多少世面的豹子，他在打盹的时候看见了一只庞大的羊子，他打量它，因为他并不害怕这山岭上所有的生灵，除了人类。他一定在想，今日的晚餐解决了。但是他迟疑着，他一定在想怎么下口，这么粗壮的动物，我怎么才能咬断它的喉管，怎么从它粗壮的肋骨下拉出五脏六腑来吃掉。可惜他没有捕获这种庞然大物的经验，然而经验落后于行动，对于豹子来说，不顾一切的行动是它们生存的魅力，是它们作为一缕绚烂的光芒辉映于山岭的独特风景。就在这时，一声寒鸦的清脆的叫声打破了这儿的寂静，使大羊警惕起来，支棱起脖子四下望着，它看见了我的兄弟，那一团火，在蜷伏时也是危险的，它于是跑了，没命地向一面悬崖跑去。如此笨重的身体在它跃上悬崖的时候却又如此轻盈，简直像飞翔的石头。

但是，这片草甸是青翠欲滴的诱饵，大羊总会回来的。它吃了第一口，就会回来吃第二口。可以说，我的兄弟拥有了这山峦的一块草甸，他就拥有了丰衣足食，草食动物们都是一些要草不要命的笨蛋。

笨蛋又来了。这是第三天的下午，刚下过一场阵雨，树叶和草尖上都闪亮着晶莹的水珠，空气湿润，暑热消退。我的兄弟扑向了再次光临的大羊。我的兄弟在一些几近枯黄的箭竹和开满蓝花的羊角七藤蔓间穿行时竟然没弄出一点声响，我的兄弟简直是一抹灿烂宁静的晚霞，他在接近他的敌人。因为饥饿和显示自己，他要咬断素不相识者的喉咙，看它汩汩地冒血。

我以为这将是一场生死追逐，疯狂地追赶与没命地逃窜。然而没有。我看到这只大羊只是在两个转弯后，在一块尖锐的巨石后面突然掉头对准了我的兄弟，出其不意地用它的犄角挑中了我兄弟的腹部。我看见大羊猛冲了！我看见了大羊的肌肉在阳光下聚积着！我看见了愤怒！看见了灰褐色的皮毛几乎要覆盖了我兄弟那淡金色的钱纹皮毛！我看见大羊向我的兄弟压过去！……如此凶猛的大羊，在这些羊类家族中，莫非还有抵抗的热血？我以为它们除了奔跑逃命就没有其他了。其实我清楚，这些大羊就是如此。我的兄弟却不明白。

我的兄弟的腹部显然是受了伤。可是他的英气和傲气不会使他退缩，这是不可能的，哪怕面临着一千只大羊，我的兄弟也会奋勇前进，以死相拼！

我看见我兄弟的血迸溅在那个山岭，这只是搏斗的开始。果然，我的兄弟迎了上去，他跃过尖锐的巨石，像一道闪电，在巨石后面，我看不见打斗，只听得见我兄弟的怒吼和大羊的嚎叫，大羊的嚎叫简直像一个生产的女人，这与它们的身躯极不相符。后来终于打出来了。我看见大羊的犄角高挑着我的兄弟，我兄弟咬着大羊的脖子。不知为什么，我看见大羊挣脱我兄弟的嘴，松开它的犄角，没命地朝老林里跑去，一下子就没有踪影了。刚才的景象像一场梦，独留下我受伤的兄弟，留下他口里正在嚼着的一块大羊的皮。

我的兄弟好像力气用尽了，他躺在草丛里，浑身发颤，他舔舐着自己的伤口，懒懒怅怅的眼神偶尔向远方望一下。他一定很疼痛，但他决不表现出来。

那一夜，我无望地望着我的兄弟锤子。我朝那个山峦望着，黑魆魆的山峦上高耸着巴山冷杉和粗榧的影子，夜雾一阵一阵地漫上来，在早晨的时候变成了云海。我和我的山岭，都在云海之上了，而我的兄弟却在云海之下，在稍微低矮的地方。就是那个早晨，我听见了枪声。

是老关的枪声。接着吹起了牤筒。云海突然消散了，在牤筒气壮山河的号声中，整个群山开始一阵一阵地发怵，打战。这是赶仗的号声，老关和他的三个儿子已经跟踪了大羊整整七天。可是，循着血迹，雪山和草地最先发现的却是我受伤的兄弟。

雪山是一只雪白的母狗，草地是一只草狗，也是母的。雪山的叫声使老关的第三个儿子一跃而起，手拿着猎钩和开山刀向我的兄弟扑去。那是一把三爪猎钩，像锚一样，他们钩住了猎物，就用开山刀的刀背猛击它们的头颅。老关的三儿子是一个极其年轻而残忍的杀手，他才十五岁，我曾看见他敲击过一头猪獾的脑壳，两下就将那脑壳敲碎了。敲碎的脑壳还在发出凄惨的叫声。

这个十五岁的杀手用长长的绳子甩向我的兄弟，是那么准确地钩中了我兄弟的臀部。雪山和草地更是箭一样冲向我的兄弟。

后来云海湮没了它们，湮没了猎杀与被猎杀，追捕与逃亡。我的兄弟是怎么跑的我不得而知，在太阳当顶的时候，一群猎人抬下的不是我的兄弟，而是大羊。

我的兄弟逃向了更高的山巅，可是老关知道，我的兄弟是会下来的，他要下山来喝水，他流了太多的血。山巅上扎不住他，那儿没有水，在这炎热的夏季。

第五天，我的兄弟重又出现在老关的视野里。

最先出现的是大片大片的苍蝇，它们围着我的兄弟。我兄弟的伤口完全腐烂了，腹部、臀部。可他的举止依然有着豹子的尊严，多肉的掌子踏着地下时富有弹性和自信，但是那么多的苍蝇正在凌辱他，那些肮脏的小虫，它们知道了我兄弟的死期。

老关正在一个水坑边呼呼大睡，他的三个儿子至少有两个已经喝醉了，是一种地封子酒。而他的三儿子，正在全神贯注地将一撮头发捅进火铳的铁管中去——火药和子弹已被他填满了，这是最后的程序。

就在这时，垫枪响了，是老关早就安好的，我的兄弟绊上了垫枪的索子，索子上的引信拉响了，几乎在一秒钟之内，我的兄弟转过头去，那些钢筋头、滚珠就像碎痰一样向他飞来。老关的三儿子张大着嘴巴将铳举起来，老关和另外两个儿子睁开眼睛望着天空。可恨的雪山记住了我兄弟的气味，在我兄弟踉跄着倒下又准备奔逃时，它早就蹿到了他面前飞竖着尾巴，咬住了我兄弟的喉管。枪弹有几颗斜穿进腹部，我的兄弟的身子在倒地时是扭曲的，他看见苍蝇像烟雾一样散去，他的头触地，又扬起来；伸直，又转过去。他是想再看看那支阴险的垫枪吗？雪山的扑来遮住了他的眼睛。他是想先看一看，所以对扑上来的那条雪白的影子还没有认出来，他的喉咙已经堵住了，接着穿出一个大洞，从那儿流泄出血，也流泄出豹子的元气。扑哧一声，像轮胎漏气一样，我的兄弟的筋就被人抽走了。肯定是那样的！

我的兄弟倒在水洼边，倒在碧森森的水洼边。这时的雪山还在拼命撕扯我兄弟的脖子，草地也在一旁咬着他的后腿。我最后看到我的兄弟就是这样一副样子，雪山、草地和无数的苍蝇正在啃噬着他。我的兄弟是渴死的，枪弹的痛感似乎都不算什么，我看见他的眼睛里映着水波的倒影，是那么碧绿，那么清澈。从此以后，我就拼命地喝水，那干渴的知觉传导给了我，我的兄弟告诉我的就是这些。我对水保持了特殊的爱好，在我以后的生活中，我找到了十几处水源，明的，暗的，高山的，低谷的。我想我一定是在替我的兄弟喝水。

除了那个烟袋爪子，我的兄弟的另三只爪子，一只老关送给了大队书记，两只送给了公社的武装部长。那个部长给了他一大把子弹。

我这么回忆我的兄弟的时候，“复仇”的嚣声小了，我的耳畔隐隐传来了麂子的叫声。现在，无论怎么听，这麂子的叫声都像在哭。虽然我明知道它们是在召唤同伴下山喝水。

我想去见一见我这些昔日的佳肴，逮住它们现在是很难了，我的步履不再轻灵、矫健，走路会发出响声，有时候会喘气，还会咳嗽。它们知道我是一只老豹，除了怜悯我，决不会害怕我。有几次，我跟它们坐在连香树下，周围是浓郁的、散发着怪味的牛蒡子气息。它们望着我，我望着它们，相安无事。今天我下去了，我除了想喝水外，还隐隐约约地闻到了一点腐肉的香味。我的嗅觉还在。于是我下了山，在一个流淌着巨大山泉的峡谷里，我终于看到了半只正在腐烂的麂子。这可能是失足摔下悬崖，也可能是中了垫枪，也可能是被野物咬死的。我无法拒绝这一堆难吃的肉，它至少可以填饱肚子。在我吃它的时候，我终于看清它是摔下悬崖的，它的后腿都断了。山顶上的积雪还很厚，它一定是受到了惊吓，才从有雪的悬崖上滑落深谷。

味道的确不好。这只麂子使我想起多年以前我曾追逐一只鬣羚，也是在冰天雪地里。它黑色的尖角和棕红的嘴唇对我充满了诱惑。我并不饿，我记得那一天我吃了太多的食物，是岩羊？是角雉还是一只兔子？我记不清了，我只想戏弄它一下，我不想花那么大的气力去逮它，因为鬣羚的步伐也是众人皆知的。可是，勇猛的鬣羚，知耻负气的鬣羚，大义凛然的鬣羚，它竟跳崖了，舍身成仁了。我追到悬崖边，看到底下那雪地上正在痉挛的鬣羚，鲜血染红了白雪。我对它久久地致意，这样刚烈的鬣羚却并不是少见的。在所有的野兽中，连最弱小的兽类也从来没有束手就擒过，面对死亡，它们一个比一个刚烈。

我实在难以咽下那样的腐肉，在它的后胯那儿我扯下了两块，囫囫囵囵地吞了进去，这只能使我更加饥饿，更加唤醒了胃囊的渴望。可是我不能吃下这样的东西，我是一只豹子，不是獾，不是兀鹫或者一只苍蝇。

我蹬上一个山脊的时候见到了一只竹鼠。在洞口，我守着它，我想如果我不能迅速抓住它的咽喉，我的皮肉就会被它的两颗门齿深深地扎进去。我放弃了这种危险的打算。我还是饿吧，饿吧，我已经习惯了饥饿。我头昏眼花地盲目乱窜，眼前甚至出现了幻觉。我不知道我何时走进了一个洞口，在两棵粗大的铁桦背后，我睁开眼睛时仿佛看见了我的母亲向我走来，嘴里叼着一只黄鼠狼。我看见了我的母亲，在淡蓝色的光线那儿走了进来，她的轮廓透着山林和草莽的气息，是那么新鲜。而那只黄鼠狼柔软耷拉的样子突然使我的眼睛湿润起来。

我站起来，像儿时那样迎向她，我心里欢叫着：“母亲……”我会像可爱的童年那样上去咬她的尾巴、耳朵，或者接过她的猎物，兄弟姊妹一起撕扯咀嚼起来，然后听着我们母亲的呵斥。我的母亲总是面目狰狞地呵斥我们，可她的心肠是最好的。有一次，她为我们抓捕一只岩羊，花了三天的时间，越过了几道大垭，还摔断了一只后腿，她瘸着腿将岩羊叼回来。五天以后，因为不能远行捕食，她用尚好的两只前爪，为抓一只竹鼠，竟刨出一米多深的洞，终于抓住了那个肥胖的家伙。

我本想去咬她的尾巴让她呵斥的，我还想吃那只黄鼠狼，可是我定眼看时，我的母亲消失了，洞外冰凉的风雾朝里灌着，发出怪啸。“母亲，你在哪儿？母亲！……”

啊，我的母亲已经死了。在洞口，连她的魂影也不见了。

我重又软下腿来，蜷在石头上，枕着自己的前爪。一只老鹰飞进洞来，搅起一阵凉雾。洞顶有它的暖巢。

我想念母亲。这是自然的。

我的母亲是一只美丽的母豹。那时候，我们住在白岩对面的山上。白岩离我们有几十里远，可是白岩就在我们对面，它壁立万仞，像一组巨大的远古的城堡，在傍晚，西天的太阳直射在它的壁上，蔚然壮观。我的母亲说，白岩给我们以激励，它的灿烂，是我们明天更振奋有力地活着的理由。白岩就在我们面前，四野是漫山的红叶，我们的童年在那样的环境中锻造着灿烂张扬的气质。有时候，我母亲呆呆地看着白岩，她支起前腿，尾巴铺成一个圆形，围着腰脊。这样的姿势让我赞赏不已。我母亲对我们说：“你只有咬住猎物的时候你才是祖先。”那是在我们问起我们祖先的样子时。另外，我们的母亲还说：“你只有咬住猎物的时候你才是豹子。其他什么时候都不是，是行尸走肉。”然而我认为我的母亲在遥望白岩的夕阳时她也是豹子，而且是最优秀最伟大的豹子。因为那时候，她充满着神秘和尊严。

在白岩的下面，峡谷的里汉河蜿蜒地流着，当它与黑河交汇，生出了一个奇怪的野种，它就叫野猫河，发出惊心动魄的吼叫声。在这样的吼声中入梦，不可能不让我们生出一股豪气。连一片树叶掉落下去的声音也像虎啸龙吟。这儿，人们惧怕老虎，总是叫它们猫，如大猫，就是大虎，猫儿岭，就是虎岭，野猫河其实就是野虎川。虎，早就是一个传说了，我曾见过虎，但是某一天早晨醒来，虎就无影无踪了。我的母亲和她的家族成了这一带的霸主。不过，我们的成员也十分厉害，那些呼啸生风的影子总是不明不白地消失了。等我们再企盼着他们重现时，才知道是梦境。伐木的队伍，正在飞快地卷上山来，各种套子和枪口都在搜寻着我们，还有与我们共同逃难的熊、野猪、豪猪、九节狸、麂子、大羊和鬣羚（就是当地说的明鬃羊）。豺和狼那些阴险的野兽也基本绝迹了，有一天，我看见一群修简易运木公路的人打死了一只豹子，它当然是我的远亲。我闻见了从野猫河的峡谷里升腾起的我的远亲肉汤的气味，那是痛苦的香味。我还闻见了酒，闻见了一些脏歌的臭气，一伙男人的梦呓和他们伐木、炸石的声音。

我的母亲的死真是一场悲剧。就在我兄弟死后不久，我有一次踅到野猫河的峡谷里去看我的母亲。我的母亲对我兄弟的死总是保持着沉默和镇定。对我的到来，她并不欢迎，并像过去无数次驱赶我那样；自从我们长大，她就不允许我们再亲近她，视她的孩子为仇敌，冷漠、躲避和怒吼。是谁让我们变得这样呢？孤独，像一种吞噬我们的病菌，我们的祖先就是这样吗？谁不希望帮助与交流呢？可是我们不需要，除了我们自己。是孤独使我们灭绝的？

我的母亲拒绝了我。我原本只想去站在那一个山口，像过去一样，在白岩的金碧辉煌中重温我们的欢悦、激情和童年。可是，这已经不可能了。我们被远远地逐出了我们的故地——不是别人，是我们的母亲。当然还有其他的，比如炸山的炮声，树木倒下的哀鸣。不过，我怨恨的是我母亲，对她的恨已经远远超过了那些山林的破坏者。我知道，我们一代又一代在这些怨恨中生活，隔绝了亲情，使我们更加孤独和寂寞，孤立无援，像一个又一个分散的游魂，而这正好让那些捕杀者将我们分而击之。

大火是在我沮丧地离开我的母亲之后的若干天里烧起来的，那时候，干旱袭击着整个神农山区。两个伐木的工人爬上工棚的顶层——也就是楼上，去强奸一个因病未上山的女工，被那个女工打翻煤油灯。

大火就这样燃起来了。大火燃烧了整整两天两夜，那两个夜晚，整个天空都是通红的，好像涂满了鲜血，烈焰腾空而起，烧得星星砰砰地下坠，野猫河的河水咕噜咕噜地冒着沸腾的气泡。到处是动物们烧焦的气味。在白岩，有几百只野兽跳了崖。那不是因为壮烈，而是因为疼痛。

我疯狂地奔逃是因为我年轻还加上我大约有一点感知未来的灵性。我跑上一座山头背向大火的时候发现我的嘴里还叼着一只半熟的青麂。我嘴上的青麂是从哪儿来的呢？我浑身地觳觫，已经失去了记忆，在这种旷世的惊恐中我用咀嚼青麂的肋骨来平息自己。当然，我无法啃动肋骨，我不是狗，不是老关的雪山和草地，我却必须不停地啃，啃。那时候，我只有一个信念，或者说只有一个意识：啃肋骨，啃它！我什么都不会做了，傻了，我想起我母亲告诉我们的：只有咬住猎物的时候你才是一只豹子，否则，什么都不是，是一堆行尸走肉。我现在咬着猎物（捡的），却感觉不出我是一只豹子，而是一堆可怜的肉，喘息的肉，死里逃生的肉。

这时候我看见了我的母亲！我的母亲也在拼命地逃命！她在大火中腾跃，她就是一团火！可这团火在漫山遍野的大山里太微不足道了，这火将被那火吞噬。

我的母亲突然生下了我的一个妹妹！我看见她生下来那个鲜红的幼体，那是我的妹妹！但是我的母亲朝后看了一眼——是在大火之上调头看的，我那妹妹就被大火烧着了，蜷缩成一团。我的母亲再跑，她跑下了山坡，于是，我听见在野猫河谷里喊起了此起彼伏的芜杂惊呼：“豹子！豹子！”于是，有一百多个人开始追赶我的母亲，他们手拿着火把和棍子，有的还端着救火的木盆，用煮沸的河水向我的母亲猛泼。“豹子！豹子！豹子！”

悲惨的野猫河谷，疯狂地逃窜着我孤独的母亲！我看见她又生下一只幼豹——那是我又一个早产的妹妹！我那妹妹一落地就被狂呼乱跑的人们抓住了。我的母亲尾部淌着飞溅的血水，没命地跳入野猫河，在冒着团团热气的河中，越过一块又一块溜滑的巨石。

如果她能顺流直下野猫河，她就有可能逃出人们的围歼，在那儿河谷愈见空旷，火势弱小。然而救火的人们放弃了救火，擒拿一只豹子更能刺激他们莫名其妙的激情。他们围了上去，站在河边用石头砸，用棍子打。雨点般的石头和棍子就这样落在我母亲的身上。那些人喊：“打死它！打死它！”我的母亲在水中沉浮着，在石缝里腾挪着。我虚弱的母亲终于被他们逮住了。

谁都没有上去，人们只是用棍棒卡住她的头，又击打她的头。他们不敢上去，整个河谷是黑压压的人。我听见松鸦开始了鸣唱，它们闻见了血腥。我的母亲被人们制服了，像一张纸那样趴伏在河滩上，石头和棍棒依然投向她。有几个人拿着一捆绳子来了，另外几个人用粗大的树干压住我母亲的头，使她不能动弹。可我的母亲，只要能呼吸，她就会咆哮，呼吸就是咆哮，微弱的呼吸就是轰天的咆哮。她的后肢在不屈地掘地，尾巴像鞭子一样左右地抽打，刨出的沙石打在周围的人脸上。忽然，一个干部模样的人来了，戴着大草帽，高卷着裤腿，手上拿着一根扑火的松枝。所有的人给他让开了一条路。促使我母亲逃脱的还不是这位干部。在人们传诵着××书记来了的时候，两个压杠子的人手突然软了，松了。人类总有着无缘无故恐惧的时候，他们害怕了？他们压不住那个龇牙咧嘴的豹子头，那腥红的舌头，凸起的眼珠和锐利的牙齿使他们视久了胆寒？人类就是这样的一群东西，他们坚持什么都不能持久，他们总有惧怕的时候。我的已经一只脚踏入地狱的母亲——我相信她的肉体已经死亡了，未死的是意识和精神，就这样，未死的精神拖着已死的肉体，一跃而起，人们像软泥一样地给她让路，不是让路，是闪开。我听见那个尚未走近的领导大声说："好啊好啊，好啊好啊！"

对于那一次大火的记忆我一回想起来就是那种劈劈剥剥狂烈燃烧的声音。我甚至记不起那是哪一年，哪一个季节。在大火和人声渐渐平息之后我见到了我母亲。那时我还在啃青麂的肋骨。那还是一种机械的啃，干燥的啮啃声并不是其他野兽的噩梦。我看见了我的母亲，她死亡的肉体和她清醒的精神出现在我的眼前。她身上的毛已经全部烧焦了，伤痕累累，头皮开裂了，牙齿也打掉了两颗，尾巴短了一截，两个后爪血肉模糊……她完全是一团被大火和人们重新搓揉过一遍的苦荞面！我说：“你是我的母亲吗？你不是我的母亲！不是的！！”

这不是我的母亲，不是那个望着白岩的灿烂辉煌的母亲，她没有了神秘，没有了尊严，甚至没有了那一种温情脉脉的伤感——当她舔舐着我们，让我们扯着她的尾巴时，那壮怀激烈的母性。

我在内心里大声喊着。我的母亲却十分平静，我看见她流出了眼泪，泪水全是血。我们在远远的地方默默地注视着。我的母亲眼里的血流尽了，她没有过来分食我的残羹，她艰难地站起来，向另一片没有燃烧的高山丛林走去。我记得，那片丛林里盛开着比烈火冰凉得多的杜鹃花。

在若干天之后，许是我母亲伤好了些，她开始想念她两个早产的女儿，于是她再一次冒着生命危险，走进了烧焦的野猫河谷。虽然一场大雨使另一些植物又从焦土里钻了出来，展示着新的超越疼痛的希望，但依然是满目疮痍。

我的母亲在那儿失魂落魄地寻找自己的孩子，在过火林中，在无遮无蔽的河谷，她完全忘记了保护自己。她已经神思恍惚。有时候，她呆呆地望着某一处，望着几根还顽强站着的烧成木炭的树干，漆树、锐齿栎和山毛榉。这样的时候任何侵犯都会使她陷入死亡的绝境，可她全然不顾。她不知道，我的第二个被活捉的妹妹，早就被卖到了城里，在铁笼中，在遥想自己的山林故乡中，供人观赏。神农架最老的猎手出现了。那一天，老关在他八十五岁生日的喜庆日子即将到来时，带着仅剩的两个儿子最后上一次山，猎获到更多野兽，圆毛（兽）扁毛（禽）。他的二儿子在扑灭山火的战斗中死亡了，他们家因此成为了光荣烈属。

发现豹子的踪迹对老关来说无疑正是一剂强心针，我们看到这位优秀的老猎人——我们的死敌是如此雄赳赳气昂昂。他的胡子迎风摇摆着，突然因亢奋而变得发硬；他用牛卵子皮制作的火药囊里装满了黑色的火硝，小布袋里装着的是滚珠、钢筋头和头发。他的大儿子拿的是一条半自动步枪，他的小儿子依然拿着那个猎钩。总之，我们看到老关在劫后的山冈上没有减少丝毫的威仪，身板硬朗，除了脸色有些发灰以外，失子的悲痛没有一点残留在他的脸上。我还记得他穿着“干部兜”，那是他儿子的服装，因此，穿在他日渐枯干的身上犹如一面旗帜，空荡荡的。可以这样说，老关只不过是一个猎人的符号了，他跟我的母亲一样，肉体已经死亡了，而精神与意识还在。他的肉体是被岁月，是被无数的爬山、射击、下套子、剐皮、硝皮和肢解肋骨而消磨掉的。现在，它们已经遗失在风中，吹着牤筒的老关是他儿子们心中的幻影，也许他早就不存在了，突然出现的一只豹子唤醒了这个幽灵。

我的母亲被那牤筒叩击崖壁的嗡嗡回声拉回了现实。那是死亡追赶我们的声音，万山皆栗。悲惨呀，这样的声音总是轮番蹂躏我们的美梦，每响彻一次，就会使山上少了一些生灵。啊，这是我们的丧钟，它是如此无情而漫长地在我们心灵的黑夜里不息敲响，使我们夜不能寐。我的母亲像无数次地亡命一样，惊惶使我们获得了速度，而无边无际的仇恨使我们获得了冷静。瞧瞧吧，我的母亲，她才是一只真正的豹子，她伤痕累累，她面目全非，缺齿断尾，可她依然是一道黑色的闪电，在雪山草地的夹击中，在猎钩霰弹中，在枆筒无孔不入的恫吓中，她向白岩跑去！在我的记忆中，白岩是无人能上去的地方，是远古的童话，是一片永远挂在那儿的天堂的风景。我的母亲要逃向那儿吗？她要跃上去？一级又一级的石头砌成的城堡，被岁月和风雨雕刻的城堡。她知道自己的死期已经来临了吗？因此，她要投向白岩的怀抱？

我看见老关的脸胖了起来，那支没有准星的老铳以强大的后坐力撞击着他衰老的面颊，可是我看见老关的脸通红了，头上的白发一下子变得猩红，连胡子也是。英武的老关，他不愧是一个好猎手，身手矫健，在山岩上如履平地，这是八十五岁的老关吗？我看见在他的怀里跑出了一只豹爪——那是他的烟袋，是我兄弟的爪子。他因为扣子跑落了，那干部服的胸前已经敞开，这使他看上去更像一个杀手。我兄弟的爪子击打在他的左胸，右胸。

我的母亲被钩到了，逃脱了。

我的母亲中弹了，逃脱了。

我只能说，我看得惊心动魄。更加惊心动魄的是在后面，在我的母亲跃上一个又一个悬崖。大约在白岩半山中的一块野生芍药地里，那时候，那儿摇曳着一片让人眼酸的芍药的白花，仿佛是悼亡的花圈。我的母亲站在那儿，头顶是无法可上的千丈悬崖，脚下也是陡峭异常的峭岩。她是怎么出现在那儿，她是怎么跃上的，现在想来都是不可思议的事情，可是，面对着死亡的猛扑，什么奇迹都可能发生。

已经没有路了。我的母亲知道，那几个欺凌手无寸铁的弱者的猎人也知道，没有路了，无路可逃了。

我的母亲站在那个岩上，这时所有芍药的花都开始翻飞起来，是风，风把它们翻飞的。风吹着我母亲身上的皮毛，它们虽然变色，残损了，可还是那么高贵，有着不可侵犯的威严，隔绝了任何下贱的企图与阴谋。那三个猎人和他们的猎狗望着她，立住了脚步，端着枪，像几块石头站在那里，高高地仰视着我的母亲。连那两条总是因狐假虎威而躁动不安的狗也没有了狂吠和喘气，他们在我的母亲那儿发现了什么？他们打量的是一个什么东西？是一头豹子？一个人？还是一棵树？或者是一尊从未见过的山神的雕像？

猎人永远是猎人，他们的枪是不会吃素的。我的母亲在他们开枪的一刹那，飞身下岩——我看见我的母亲跃下来啦！我的母亲扑向老关，她一定看见了她孩子的爪子，那是她的骨肉，她认识，她熟悉她孩子的气味，复仇的烈焰将临死前的抗争搅成一团。她落下的冲力将老关结结实实地压倒在地，而这时，枪响了，一股血液冲天而起，那是我母亲的血！我母亲的两只前爪落地时，一只抓到了老关的脸，一只抓到了雪山。

雪山的嗥叫真是一只癞皮狗哀哀的嗥叫，但是草地成了这次杀戮我母亲的帮凶，它在两次狂咬过后，嘴上就衔着了我母亲的一颗眼珠，那时，我的母亲已经再也无力反抗了，她受了重伤。草地把那颗眼珠吞下肚里去了，草地嚼着我母亲的眼珠，在那只眼珠里，该映着多少美丽的愿望和仇恨！是的，她的仇恨是美丽的，只有正义的仇恨才美丽。

在沉落的太阳里，在万山的寂静中，他们背起我死去的母亲走了，空气中还时时拂来一股树木和山石焦糊的苦味，整个山峦都在那种巨大的隐痛里迎来了又一个山里的黑夜，它们不知道，我失去了母亲。

如今，我思念母亲，依然万山寂静，太阳沉落。烧焦的树木又长起来了，发出了新芽，但这并不能掩盖群山和我的疼痛。

昨夜，一场绵绵的细雨突然带来了温润，戟叶星蕨和石韦都开始大片生出了鲜嫩的叶子，在草丛中，蒿白粉菌和一些盘菌伸展出来了，针芽岛地衣和大叶藓使我行走时出现了沁凉的溜滑。我清楚地记得我听到一些兽类们求偶的呼唤。这表明，春天开始从低山向高山浸润了，它将不可抗拒地感染世上的万物，感染一切生灵，提醒它们，复苏和交配的季节到了。可是，这对我又有什么用呢?

我见到的最后一个我的同类，说来也巧，是我的情敌石头。那是一个十分可人的季节，是在流泉淙淙的夏季，溪水边到处开放着金黄色的龙爪花和蓝色的沙参花。我在那里喝水时像幻觉一样看到了水中走来的一个倒影。我以为这世上只剩下我一只豹子了，可是我抬起头来看到了石头。我看见的他是浑身沾满了灰土和草棍的一只脏豹，一只从头到尾都丧失了豹子威仪的流浪豹子。只是，我看见他还算健壮，步子并不难看，也有着玩世不恭的机警。他不停地舔着嘴唇和牙齿，打着哈欠。他的身上，有与我肉搏时留下的伤口，另外一些不知出处的伤口，有的好了，有的正在好。他一见到我，告诉我的信息是，在后山的那片山林里，三只猴已经吊在了猎人的套子里。

"我好歹吃了一只。"他说。

这是一个快活的精灵。我问他："你还看见谁了吗?"

"我谁都没有看见，我在心里念着斧头的名字时，我还以为撞上了鬼呢。"

我说："你才是鬼!"

"你才是鬼!"

"别争了，我们两人都是鬼好吗。"

我的情敌，快乐的石头，我们靠在一起，我们内心的话是通过眼神说出的。我们的交流靠的是眼神和心灵。我问起他"红果呢"，"她早就被人射杀了。"他说。红果，我曾经追求过她，那是我们共同深爱的母豹，可是她被射杀了。红果跟我生过一只豹儿，这是我在以后听说的，她在哪儿生产并抚养我们的后代，我一概不知，这不是我所关心的事了。我爱过她，短暂的爱，疯狂持久的搏杀，当然是与那些同样和我有着强烈欲求的成年公豹们。有一年，我打赢了石头，第二年，石头打赢了我。我看见，在我们用眼睛叙述红果时，我们流下了眼泪，我和石头，两个过去的冤家对头。

他告诉我他是怎样活到如今的，他向我讲述怎样躲过了猎人和套子，垫枪和陷阱，怎样从一个被砍伐干净的山头迁徙到另一座山上，然后再迁徙，迁徙，迁徙。他滔滔不绝，眉飞色舞，殊不知，活到如今是一个悲剧。因为活着的人比死者更痛苦。

“你想红果吗?”

“我想老虎。”

“你想斧头?”

“我想复仇。”

“你不是斧头，你是斧头的弟弟锤子。”

“我不是锤子，锤子早死了。”

“你想老婆。”

“我只想老虎……”

那时候，我们在野猫河谷里一个劲地说话。即使这个世界上只剩下我和石头，我们也不会团结在一起，只待了一天，友好、善良而开朗的石头给我叼来了一只林鸮，就离开了我。为了抓到这只林鸮，我知道他钻过恐怖的大蓟丛。我记得我还讥笑过他，说他是去找红果的。

“对，我找红果去啦。”

那是他留给我的最后一句话。在一个漆黑的夜晚，我走进一个无名峡谷，我意外地看见了石头的尸体。我分辨了许久，终于看清了他身边还有一些没有吃完的死鱼，我又看见了河边上漂着无数的死鱼，一种比藤黄更毒烈的气味从水里散发出来。石头是吃了剧毒的鱼中毒死去的。他是一只经验丰富的豹，可是最后却死在毒鱼人的手里，还是不明不白地作为间接的受害者丢了他的性命。

他是一只强壮的豹，他可以捕到更好的食物，他不应该吃这种死鱼，他难道没有闻到鱼身上的毒气吗？可是，如今捕食愈来愈难了，就像人们捕捉我们一样。捕到一只麂子就是一顿最美的牙祭。他说他是去找红果的，他留给我一只林鸮，可他却饿着肚子。我的朋友，石头，你的死与我有关，是为了我能吃上一顿晚餐。

我把他用牙齿拖到干爽的高坡上，在卵石累累的河滩，我守着他，石头，我的朋友，在满天星斗下，我独坐无言。

有一忽，我突然明白只剩下我一个了，巨大的孤独感就向我疯狂地袭来。我向哪儿走呢？我坚持下去吗？无边的星空正在诱惑着我，可它在我的头顶上不去的地方。从此，我将孤云独去，谁是我活着和死亡的见证？我想喊叫，我想狂奔，我想把山掀翻。我坐在那儿，一动不动。

我恋恋不舍地离开了我的朋友和情敌。从此，我再也没有交流了，没有任何目光的注视，没有关怀，没有牵挂和向往，什么都没有了，我一个人。我哑了，我变成了聋子，我的表情已经僵硬，在茫茫的星空下面，我在想我活着的意义。

“我要复仇!”

我的兄弟姊妹，我的母亲就是这样暗示我的，他们在丛林的背后，在树丫上，在山壁上，在阴森恐怖的河谷里，在星空之上，不停地向我暗示，他们挤压我，敲打我，所有的影子都是他们的影子，所有的声响都是他们的声响。树、云彩、鸟的啁啾、水声和风声，统统是他们的。我不孤独。只要我复仇，我就不会孤独，他们就会跟随着我，出现在我的眼际，抓住我的意识，将我从绝望的深渊里拖出来。我先是花了整整一年的时间，去了我该去和能去的地方，我抱着不存希望的侥幸，企图能寻到被遗漏的，被上帝遗忘的更孤僻的同类，我在半夜的呼唤只能坠入更深的星空，整个山野都麻木了。真的没有谁了。这就是现实。

我走的时候是风雪弥漫，我重返野猫河谷还是风雪弥漫，这是来年或是第三年的风雪了，我记不请了，时间对我已无任何意义。

我的复仇计划很简单：咬死他！咬死他们！

山里的冬天是极其美丽的，阔叶植物都落尽了它们的叶子，而油亮的针叶树在隘口上，任凭寒风的摧折也始终挺立着它们的姿势，头上盖着雍容华贵的积雪。野柿子一树一树的，真是像点燃的灯笼，给这残酷的季节增添着让人无比激动的暖意。暖意是从心头开始的，如果你望着那些冬日的野柿树。

我走在雪野之上，可是我的心里却充盈着齐天的仇恨。我在问这是真的吗，这的确是真的。我那天站在我童年和我母亲及兄姊曾生活过的山崖，那些熟悉的身影都成为了无边的往事，而垫枪还在，套子还在，新的套子与老的套子。下套人因为下了太多的套子而将其遗忘在某一处树缝里，山罅中。它们套着的是一具小小的骨骸，是一个多年腐烂后的小动物，钢丝已经生锈了，扎进了树皮中，但它们依然暗藏杀机，露着狞笑。当你看到这些，仇恨不会直撞胸怀吗？

我在山上仔细搜索着老关下的套子，没有。老关的套子是极其残忍的，他总是把树扳弯了将套子下在那儿，所有的野兽只要触到套子，就会被吊在空中，除非你挣断了脚爪，否则死路一条。当然了，就算不是老关的套子，任何人下的套子，简简单单的一个结，要想解开，所有的野兽都没有这个智慧，因此，所有的野兽都无法逃脱人类的暗算。人类如此凶恶，而野兽又毫不设防，是不是上帝让我们注定了要灭绝在他们手上？

没有老关的套子，老关去了哪儿呢？

老关死了。

大约在我游历远山的某一天，年近九旬的老猎人老关，早晨从他的床上爬起来，借着强烈的窗外的光线掐着身上和衣领上的虱子。那些虱子一个个都饱累累的，肚子里装满了从老关身上抽出的血。老关征服了整个神农架，征服了老虎、豹子、熊和野猪，却无法征服小小的虱子，虱子是惟一敢短兵相接与他作对的野兽——如果它也叫野兽的话。难道它就不可以叫野兽吗！老关吸着我们的血，虱子吸着老关的血，这真是卤水点豆腐，一物降一物。多年来，老关和他的儿子、媳妇、孙子以及那两条忠实的雪山草地，都在经受着虱子的折磨。这大约是每天早晨的功课，他掐着虱子，对他的大儿子说：

“给我弄一碗熊油炒饭！”

他的大儿子说：“爹，我们早就没有熊油了。”

“明明有一坛子，我埋在屋后的石洞里的。”老关说。

他大儿子笑了起来：“爹，那是三年前的事了，你不早挖出来吃了吗？”

“放屁！”老关骂了起来，硬着脖子。他的身上，只有脖子是硬的，九十岁，他还是一个犟人。

可在一旁锯木头的孙子却说：“老糊涂了。”

“放屁！”老关又骂，“你以为我的耳朵不中用了，你这个小杂种！”

老关在厨房的大媳妇擤着鼻涕出来了，搭上话说：“爹，您在骂哪个哪？”

“我想骂哪个就骂哪个。”

他们给老关端来了一碗猪油饭，还是大儿子亲自炒的。可是老关把碗摔掉了。“我要的是熊油炒饭。”

“这难道不是熊油炒饭？”

“猪油熊油我还分不清楚！”

白天清醒的老关一入夜便犯起了迷糊，有一天他在自己的枕头边掐死了一只老鼠，对家人说：“看，这是从我手里跑掉的那只大猫。”他说的是虎。有一天晚上他爬起来用斧头剁掉了自己的一只手，送到大儿子床前，说：“书记，把它掏空了做烟袋。”

那天晚上，他的大儿子、三儿子和孙子把他抬到了大队的医疗室，走了三十多里山路，天亮时才赶到。医生给他包扎之后天就亮了，他也清醒过来，到处寻找自己的一只手，他的后辈们说：“您不是送给书记做了烟袋吗?”醒过来的老关疼痛不已，号啕大哭，死活咬着说是他孙子给他剁掉的。因为他的孙子恨他，他的孙子与他同睡一床，他的孙子做梦都想让这个老家伙死掉，好独霸一张床一床被子，想怎么睡便怎么睡。

“莫非你成了人精?”他的孙子有一阵子用木头雕了个木人，正是九十岁的老关，他的孙子每天向木人扎一针，还用祖父的那杆土铳向木人射击。这事让老关发现了，唆使自己的大儿子把孙子揍了一顿，孙子老实了一段日子。

现在，他找他的孙子要他的那只手，他的孙子没有办法，只好逃到深山里去了。三天以后才回来，回来先喝了两瓢凉水，就宣布了一个惊人的消息：他发现了一头老熊。

于是，孝顺的三儿子一个人背着一支双管猎枪和从小他就使用的猎钩，独自上了山。他的三儿子长得五大三粗了，是一个十分不错的小伙子，头发硬黑，鼻梁端正得像烟囱，脖子上的肉简直就是些鹅卵石，把山都扛得动。

这大约是农历九月，山里的冬天已经来了，苞谷全部归仓了，老熊因为再也找不到吃的，只好过早地冬眠。落下的树叶遮蔽了老熊敞开的洞口，老关的三儿子跳下一个石坎时，刚好落到老熊的洞中。老熊刚刚进入冬眠，在微茫中见有人跳到他身上，怒火中烧，一巴掌打过来，就将老关的三儿子打出了洞。三儿子的腰遭到猛击，衣裳也全扯烂了，于是对着洞内打了一枪，又打了一枪，再打了一枪。

三四百斤的老熊，老关的三儿子一个人把它给背回来了。老关说："快下它的四个掌子给我！"他的三儿子就下了熊的四个掌子交给了卧床不起的老关。老关的大儿子赶忙割下一块熊肉来炼了给老父亲炒熊油饭吃。

当他们把一大碗热气腾腾的熊油饭端到老关床前，发现老关已经死了，一只熊掌给绑在老关的那只残手上。

老关的坟上还有几片没有落尽的纸幡，在风雪中飘扬着，当我端坐在老关的坟顶时，我望着山下老关家的房子，在雪夜里好像坍陷了一般。我知道老关已经去了。他这一辈子，嗜杀了无数美丽的生灵，使山林变得单一、沉寂、安全。可他的死竟是如此平淡。特别是当我看到搁置在他家门外一个蜂箱边的土铳时，我记得我当时心里不知是什么滋味，说不出的感觉。那把铳因无法使用丢弃在门外，任风霜雨雪和地气的浸蚀，沉重的铁管锈穿了，枪托腐烂了。那不就是一块简陋的木头和一根破铁管吗？它并不威风也不珍贵，它搁在蜂箱上什么作用也没有了。难道就是它，一次又一次在牤筒的激励下发出使群山震撼的声音，喷吐出辛辣的火药，一次又一次钻进那些无忧无虑、自由自在的生灵的身体中去，将它们击倒，让它们鲜血四溅，让山林笼罩在暗无天日的恐怖之中？就是这样的一个东西，就是这样的一坨东西，让人不敢相信。

我嗅了嗅枪管，依然还有着丝丝火药味，背绳断成了两截，带着老关身上的咸味。这就是全部，让山林中，山峦上美丽的皮毛和行走奔突的姿势消失的全部答案。在它前面，多少勇猛的不再勇猛，矫健的不再矫健，欢笑变成了杀戮，春天变成了陷阱，阳光变成了黑夜，生命变成了怀念。

那个晚上，我在愈来愈肆虐的风雪中平静地哀伤着。我坐在老关的坟头，想着整个山林往日的欢乐，这个老杀手已经死了，就埋在这冷冷落落的黄土山石之中，就这么冷冷清清地睡下了，无数的血债仿佛因这黄土的掩埋就不存在了，掩盖了，山林似乎本来如此，世道就是这样，没有罪恶和正义，没有仇恨和复仇。不可一世的猛士如此草草收场，一痕不留。可是，不，我复仇的烈焰突然在风雪中吱吱燃烧，不行，不是这样！老关没死！老关正向我走来！老关戴着平绒的瓜皮帽子，垂着双手，背着沾满血腥的背篓，腰间吊着牛卵子火药袋和镶着铜边的啄火的香筒，老关麻木着脸，颧骨像悬崖一样冰冷突出，牙齿咀嚼着对山中所有生灵的不信任；老关多疑、神经质、野蛮、狡诈、小聪明、大愚蠢，老关通红的眼睛好像吃过了他的同类一样。老关向我走过来了。老关突然两眼射出绿莹莹的光线，老关匍匐下来，雪白的绒毛像苍耳果毛一样竖起，老关摇着他肥茸茸的尾巴……

那是雪山！

雪山蹲上了老关的坟头，而我已经悄悄地退到一棵野核桃树后。雪山用鼻子嗅了嗅，它似乎嗅到了什么气味，不过它发现不了我，我在下风头。

雪山老了，它的主人已经死去，它是每晚来坟上为老关守灵的，它与草地轮换。

这条忠实的狗现在对着风中的野猫河谷呜呜地哭起来。每晚如此。它的哭诉是如此的真诚，跟狼的叫声没有两样。它老了，才这样无比深情地表达对主人的尽忠。它哭着，瘪瘪的肚腹看得见清晰的肋骨。它浑身发抖，四肢打瘸，牙齿脱落。我一阵又一阵地惊悚，不是因为害怕，而是，被它的哭诉唤醒了什么。

我不再那么柔情，我坚信，仇恨在风雪中会越煽越旺。我没有想什么，甚至连仇恨都来不及想，我就迅猛地扑了过去，一口咬住了雪山的脖子。

它不能再喊叫了，它还有气，它望着我，像我捕猎过的许多弱小动物一样，眼里充满了哀求。我把它压在爪子下。我不去想什么，我阻止了我想什么的念头，我只是看着深夜的群山，在风雪中喑哑的群山，没有声音，我也没有往常的喘息——因为制服它只花了我三四秒钟。我把它踏在地上。“我就这么抓住了它吗？”我朝四周东张西望着，我低低地怒吼着，我十分伤感和茫然。甚至我惶惑。

我放弃了它，雪山，我不想吃它的骨头喝它的血。我没有了食欲，我跌跌撞撞地走在荒野上，仇恨忽然被揪心的怀念取代了。我的同类，我过去恨过你们，为争抢食物和异性，我们大打出手，恨不得置对方于死地，现在你们都去了哪儿呢？你们回来吧！回来吧！

我爬上了一座山冈，在呼啸着北风和雪子儿的悬崖上拼命地吼叫着，呼唤着："你们回来吧！回来吧！你们不能撇下我一个！"

又是一个黄昏到来的时候。

又是我们豹子觅食的时候到了。我从山上望去，老关的坟头出现了草地和老关的三儿子。大雪掩盖了我的足迹，北风吹走了我的气味，他们什么都不知道。然而他们警惕了。在老关的坟旁，又多了一道小坟，那是雪山的。

我瞄准了他们家的羊圈。

沉沉的风雪还在凌辱着这个山区，气温愈来愈低，我相信老关的三儿子和草地是抗不住这样的夜晚的。果然，在三更时分，老关的三儿子死拽着草地要它进屋去，可草地不干，高蹲在老关的坟头。这也是一条忠实的走狗！

我估摸着他们会在老关的坟周围下垫枪和套子，果不其然。四处都是套子。然后，我等着风向的变化，以便在进入羊圈时不被草地发现。我仔细观察，知道了羊圈被他们疏忽了。

一直到五更时分，风向还没有转的意思，而山里传来了沉闷如雷的声音，估计是山岩垮了。我无法再等待，我冲了下去，我跨进羊圈咬死了老关家惟一的一只母羊，叼起就走。

我跃过一个山坎就听见了狗吠声，草地发现了我，并且赶来了。

我跑。不是因为我害怕，我想把它引得远远的，引出那家人的视线，引出那周围太多的垫枪和陷阱。我虽然成为了一只灵豹，可在大雪中那些机关会让我防不胜防。

我的佯逃让草地中计了。草地是决不会放过我的，放过一只猎物。可是它不知道，它的后头没有了老关，没有了老关的儿子们，没有了枪和猎钩。老关家的人在草地追赶我时，正在爬满虱子的被窝里呼呼大睡呢。

我只好放下了羊，向有利的地形跑去，向更高的山上和更密的林子里跑去。

我有过两次闪失和趔趄。因为雪陷得太深。雪也把草地陷住了。有一次它猛跃过来，咬住了我的尾巴，我只有那条尾巴在外面，但我的尾巴一甩，就将这条狗甩到更远更深的雪地中去了。我反过来去扑它，扑了个空。积雪下面的树枝撑起的空洞里，灵巧的草地飞快地爬到了我的前面，冲出雪面，而树枝牵扯着我的躯体，我钻出来时，我们几乎同时跃向空中，在空中我看见了草地不顾一切的牙齿和利爪。就是这些利爪，抓出过我母亲的一只眼睛。“我要杀死它！”我的利爪更有力，那里全冒着火。我的牙齿全是用仇恨磨砺的，因此它锐不可当。

我知道我出了血，而草地——这只本地山水喂出的草狗，流的血更多。好吧，就这么着，看谁的血流到最后！我想起了我母亲的话，只有你咬住猎物，你才是一只豹子。我是豹子！我是豹子！我时时提醒我，我是一只豹子。虽然这很悲伤。我明确我的身份和遗传使我更加悲伤，我是得提醒我，因为我要战胜一切——凡是落到我手上的东西。这一点上，没有正义和非正义可言。

我们翻滚着，打斗着，撕咬着。拳头大的冰雹砸下来，在这样的时刻，在白晃晃而又黑沉沉的雪夜里，鲜血和皮肉成了我们惟一看得见的东西。

我在一条一条地撕草地的皮。

它在一口一口咬我的花纹。

我从来没有见到过这样一条狗，它比老虎还凶猛，它究竟是什么做的？它与我搏斗的冲动来自哪儿？它为什么会对我们这些山野的荒客产生如此大的夺命仇恨？谁教会的？人类。人，人们。

我终于咬死了它。胜利当然属于我。想到人类，胜利就会属于我。

我用牙齿啃出它的眼珠。再啃出它的眼珠。一共两颗，我数了数，只有两颗。我找遍了它的全身，再没有了。如果再有眼珠的话，有一百颗眼珠，我也要一颗一颗地啃出来把它吃掉。我宁愿撑死！

我的伤口疼痛欲裂，在风中尤其如此。

我向山上爬去。

在渐渐发白的天色里，我流下了眼泪。我叼着草地，望着山野、河流和老关那低矮的坟冢。我疼痛且寒冷，草地的一腔热血没能给我御寒的力量。我走进了一个避风的岩洞，躺在冰凉的石头上，舔着自己的伤口。谁能救我，谁来安慰我？只有我自己。

我在山洞里躺了七天，我把草地吃得一点都不剩了，只留下一个狗头。我不能停下来，趁我还有着没被冰雪横扫去的激情，我要找他们，直立行走的东西——人。

我跟踪老关的三儿子一直跟踪到春天来临。

可是，我看见他的肌肉越来越发达了，胡子越来越硬，目光越来越凶鸷。

老关的三儿子叫太，老关的孙子叫毛。我听见他们这样喊的。毛喊他的叔叔叫太儿，太儿喊他的侄子叫毛儿。太和毛经常结伴而行。太的猎钩时时带在身上，我有一次看见他在河里甩钩，钩到了一条扁担长的娃娃鱼。我无法对老关的三儿子太下手了。而老关的孙子毛更是了得。这个额头高耸，长着一个大耳轮的少年，因雪山草地死后，又喂养了两条更狂暴的猎狗，一条叫黄土，一条叫高坡。黄土是一条黄狗，高坡是绿狗。高坡绿色的毛简直看起来就害怕。那是最好的猎狗，总是跑在所有猎狗的前面，而且咬住猎物决不松口，且有献身精神。而黄土就差多了，比较懒惰。于是毛就总是拼命地打它，训练它，让它为一只鞋子十遍二十遍五十遍地跑进灌木丛去，寻找，叼出来，每次黄土身上不是有树枝的划伤就是有毛的鞭伤，而且浑身沾满了掰都掰不掉的牛蒡子。黄土躺都躺不下来，毛从不给它摘牛蒡子，一躺下，牛蒡子就扎着它的皮肉。因此，我看到黄土总是站着睡觉。这是毛对付黄土的办法。黄土看毛的时候，除了乞求，更多的是愤恨，可是毛看不到狗的愤恨。狗就是狗，狗愤恨他又怎样呢？再歹的狗也不会咬主人，你就是剁掉了狗的四肢，剜下它的眼睛，它还是忠于你，对你俯首帖耳，惟命是从。这是狗的本性所决定的。

太和毛上山种苞谷。

太和毛上山打猪草。

太和毛上山挖药材。

太和毛上山下套子，打野物。

春天的山上开满了如火如荼的杜鹃。毛肋杜鹃，粉背杜鹃，麻花杜鹃。高山的杜鹃是杜鹃树，是巨大的花树，不是一丛丛的，是一蓬蓬的，一蓬蓬的火，一蓬蓬的太阳和女人，一蓬蓬的跳动的心脏。

我想让他们分开，还有那两条可恨的狗。他们总会分开的，杜鹃之火不能烧退我的仇恨，我站在前沿，手握着仇恨的火器，我要战胜他们。

我看见他们吵了起来。他们总是吵架。

太说："毛儿，你不要这样驯黄土了，是什么样的狗就是什么样的狗，难道你爷爷没教你吗？"

"别提那个老不死的，"毛说，他的大耳轮在春阳里燃烧起来，像盛开的杜鹃，"我的狗肯定比他的好。"

"你骂你爷爷？"

"骂又怎样？骂了，太，你想把我怎样？"

"你这样跟你的叔叔说话？"

"我就是这样，因为我能超过你们。"

"你能有长辈的一半就不错了。"

"你算个什么东西啦，你打了几只老熊？那一只，洞里的一只，是瞎猫子碰死老鼠。"

"你跟你的娘一样，你不是我们关家的种。你现在独霸了你爷爷的床和房子，又想霸占我那套铺盖，让我无家可归。回去跟你的娘说，我不会分家的。你回去问问你的娘，问她，为何昨晚在我的酒里下了三块羊角七？”

“那是想把你毒死。”

“好哇，毛，你有种。”

老关的三儿子太背着猎钩走了，吹着口哨。而毛站在那儿。他还小，可他并不小。他咬着牙齿的声音就像在嚼一头老熊。何况还有已经成形并准备随时投入战斗的高坡和黄土。

我知道我下不了口，我如果下口，虽然他们互相间争吵不断，充满敌意，可一旦我出现，他们就会团结一致来对付我。

我现在的回忆实在理不清我当时冲动的理由了。我现在记忆力衰退。我只能解释：因为那时我年轻，被仇恨烧灼的旺盛的生命，总会做出些意想不到的事。当然，还有，那就是我无法忘记的老关孙子的一双大耳朵。那活脱脱是老关的耳朵，是猎人的耳朵。所有猎人的耳朵都是这样的，他们为了攫取猎物，谛听山林的动静，长久的鬼鬼祟祟使他们的耳朵变大了，变长了，竖起来，耳轮上的每一根神经都外露，恨不得伸出爪子来。那些神经像树叶的经络，像雷达。因长久的亢奋变得紫红，更加诱惑着我的胃口。

我就直冲下去咬毛的耳朵，直截了当地咬，心无旁骛地咬。

只有半只耳朵在我的嘴里，黄土和高坡就扑向了我。而老关的三儿子太也调转头来。

“豹子——！”

他的声音跟他的父亲老关一样，如此苍劲和肯定。“豹子”这两个字出自他们之口，不意味着惊赏和赞美，是子弹上膛的前奏。那一天，可惜他们叔侄二人都没有带枪，猎钩离我还遥远。一道白光一闪，是太的开山刀甩了过来，但没有砍着我，砍到了黄土的一条腿，黄土汪汪惨叫夹起尾巴从我的身边退却了。

这帮了我的忙，我挣脱了高坡，向早已窥测好的线路逃窜。而这时太和毛可着喉咙大喊“打豹子”，一时间，整个山梁上突然向这边涌来了几十人，都是扎在山缝里点苞谷和割猪草的人，他们手拿着锄头、镰刀，还有一些什么能下手和粗壮的东西，一起狂吼着：

“打豹子！打豹子！”

我跑啦！我快活地跑掉了，飞过一个梁子又一个梁子，一个垭口又一个垭口。我想起我嘴里含着毛的半只耳朵，等我停下来细嚼时，早就不知道哪儿去了，也许是因为紧张吞进了肚里。

我记得也就是那一年吧，我因为复仇的欣悦，心情说不清楚怎么一下就好了，至少看太阳是太阳，看山是山，看杜鹃是杜鹃。大群松鸦在树林上掠过的身影，短翅树莺清丽的鸣唱，都让我感动不已。我懒懒地睡在挑满紫花的还亮草中间，我看见树冠上一对依偎着的长尾雉，在另一棵山毛榉上面，一对豹猫正在暖融融的太阳里交媾。我还以为是两只小豹子呢，这种豹猫，皮毛上的花纹极像我们。但它们的样子更像猫而不像豹子。我看呆了，我看见它们呜呜叫喊着亲昵交配的场面，我直感到自己的浑身发躁，身体的某一个部位正在悄然觉醒。

这天晚上，我梦见了红果。

我梦见了红果投向了我的怀抱，她口衔着一朵最漂亮的红晕杜鹃，她在山谷的岚烟和云海之上，她跑着，跃着，步态优雅。我说："是你吗，你是红果吗?"红果并不说话，红果只是深情地望着我，将那朵杜鹃放到我的面前。然后她后退着，支起前肢，依然深情地望着我。不回答我问话的红果跑了，在我问了十遍二十遍"你是红果吗"之后，她摇动起美丽的尾巴就跑了，她逢山过山，逢水过水，我追呀追呀，总是追不到她，快抓住她，她又跑了。那么宽的峡谷她一跃就过去了，可当我也跃起来时，我发现我在往下落，落，落……我醒过来，我知道这是做梦，还未落到谷底我就醒过来了，以免摔得粉身碎骨。我的胸口怦怦发疼，我大口地喘气。刚才我梦到了什么？我听见远山近水有各种野兽的呼唤。它们在寻找着爱，被爱，缱绻的时刻。它们同时也在寻找着搏斗，显示，胜利或者失败。

搏斗啊，搏斗啊！我灿烂的皮毛，强健的体魄，正当壮年，充满着憧憬和遐想，我的热血要为我的所爱而洒，肢体为我的所爱而残，我哪怕走到天涯海角，也要找到她！

我在半夜时分就启程了。说是启程，并不理智。在这样的日子里，没有什么是理智的。我的皮毛就是火，眼光就是燃烧。我要烧掉我自己，让梦想融化在另一个身影之中。

山重水复，征程漫漫。

我知道最后的结果是什么，我不过是把我的绝望重走了一遍。

我在情欲的发作中像一头瞎驴那么乱撞着，我怪叫着，怒吼着，龇着牙齿，爬上树冠，我要冲向云海，我要跃过高山，我要跨过河谷，我要跳涧，我要撞崖，我要把世界踏平。

一个又一个的晚上，一个又一个的白天，我在雨中，在雾气里不停地走着，我无法使自己停下来。为什么这世上只剩下我一只豹子了呢？为什么上苍让我如此强壮，欲火如此浓烈？为什么这样惩罚我？让我的身子不能绚烂一道山梁，而只能焚烧自己？让我的热情不能沸腾另一块红炭，而只能消损在我的自戕中？我撞头，我咬自己的爪子。我围着我自己的尾巴不停地转圈，直到把银河和星星全转入峡谷中，我倒地而睡。

这个春天我整整咬死了二十多头山羊和绵羊，还有一些小猪。我只是咬死它们，我并不吃它们。因为我的心头撞着火，它们的血只会把它烧得更旺。

对我的围猎是空前绝后的，我是一只害兽。这一年，大约出动了上千人，守在野兽必经的道口，人们谈豹变色，他们说，至少有十只豹子涌向了神农山区。有的人并且欢呼，豹的现身是一种吉兆，山林将重又充满活力，人们的枪声将更加清脆，光芒四射。

我能躲过所有的围猎，可我躲不过情欲。那些空守着我出现的围猎者并不知道，我自己在更远僻无人的老林里，经受着多么痛苦的煎熬。

最后与其说是我战胜了情欲，不如说是世界战胜了我，还有季节。

在瓦蓝发亮的充斥着马桑果醉意和鸦椿臭气的夏季里，我已经被我无处发泄的欲望折磨得形销骨立。我遽然之间衰老了，我弱不禁风，呆傻了，双眼麻木，嘴角流着老涎。我多肉的爪子也已经凹陷，走路失去了弹力，视物不清，老是生着眵目糊，讨厌的苍蝇围聚在我的眼前，赶也赶不走。

到了这年的秋天，我的精神和身体又开始恢复了。我补充了许多营养，特别是我抓到了一只青鼬，我尝试着追击它，虽然我的肛门被它划开了一道口子，但我还是把它降服了，让它成为了我金秋的祭品。

秋天洋溢着金黄色的激情，可是山里的秋天非常短暂，一晃而过。

树叶全都开始疼起来，它们全都憋红了脸。我要趁这个季节踏上白岩！

来日对我不多了，我清楚。关于我将怎样死亡我来不及想它，这也不是我想的事，死亡到来的时候，你怎么想都是无益的；我看见过太多的死亡，我知道死亡是怎么回事。

我要踏上白岩，这个愿望并不急迫。虽然它成了我此生最大的愿望。时间还有，总之，死亡不会太早到来，这一点我有了足够的自信和预感。

我要一级一级地从台地跃上白岩之巅，我要弄清楚一个多年的谜：白岩究竟为何吸引了我的母亲，她的一生，她并没有去过那里，那个每天让她痴痴地遥望的、梦幻城堡似的白岩。

我在深秋的大雾中向白岩进发了。那儿当然可以躲避人们的围捕，那儿猿猴难攀。

我寻找着路径，这是一次苦旅。

说起来令人难以置信，我在一个相当陡峭的高台地上，遇见了一头老熊，熊瞎子，山林最笨重也最凶猛的黑影。它挡住了我的去路。

这头熊瞎子！它也许正在寻找食物，也许它此生压根儿就不认识我，不认识一种叫着豹的林中之兽。这是一个什么东西呢？这可吃吗？我要吃它！可怜的熊瞎子！可恼的熊瞎子！它挡住了我上山的路，它要吃我。它红棕色的鼻子和小眉小眼一看就是未见过世面的，它只会在白岩这块地方偷包谷，偷蜂蜜，甚至捣毁山蚂蚁的窝，这样的黑贼简直太胆大妄为了。

它站了起来。它吼。它喘着粗气。它一点都不在乎我的眼神，它反正看不到。它是个近视眼，瞎子，瞎胡闹！

可恶的老熊，它逼近我，谁都知道它的手掌的厉害，它的手掌只要挨着你，你的皮肉就会像豆腐一样掉下一大块。这就是熊的掌子。它像一阵恶风，一巴掌就扒过来了，要不是我躲得快，我的脸也会像一些猎人那样没有了。它扒到了我旁边的一棵树，一棵冷杉，把它的皮扒掉了一大块。树皮粉碎着四散飞射时，我的尾巴狠狠地抽了它一鞭子。哈，这一鞭子抽得痛快，抽得它疼，疼愣住了。“这是什么山兽，它握着铁鞭子?”它一定这么想。它愣住后转过头来，又站了起来，鼻子里气咻咻的。我已经站到了它刚才进攻前的位置，我直视着它，我在想着往它的哪个软处下口。

可恶的老熊又一次扑过来了。你别看它笨拙，那是表面的笨拙，它是无比灵活的，有时候——当它受到侵害，它的反击比风还快，没有哪个猎人不怕它的，只要它一枪没被打死，剩下的就该猎人倒霉了。这就是我们神农山区的猛兽。你要它的命时，它也会要你的命。野猪如此，熊如此，虎、豹、豺、狼也如此。

这一次它是无比恼怒地罩向我的，只要一发怒它就会没完没了，以死相拼。我当然不怕它。而它呢，它也不会怕我。我又从它的腋下钻了过去，我没抓住它，它没抓住我。它把另一棵树抓进去几寸深的凹槽，那也是一棵冷杉，上面留下了它新鲜的夺目的爪印。我也抓到了树，在那棵被它抓掉皮的地方，重新抓了一把，抓出了树筋，我还以为抓到它了呢。

再一次，它抓到了我，我也擦伤了它。

到了第五个回合，我们才都认识了对方，我们不再贸然行动。我们站在各自的树下，中间隔着大约五米远的距离，低吼着，有时候也带着一丝儿无法忍受的呻吟。

老熊在死劲地刨地，用以吓唬我。

我也刨地，刨脚下的土石，吓唬它。

它终于明白了，对方的这只山兽是无法打败的。

我也明白我很难让这头呼呼喘气的高大老熊投降。

我们之间的肉都不好吃。

暮色慢慢垂下白岩，我还没看上白岩的夕照一眼，暮色就在我们的肉搏中来临。

山风忽然加大了，呜呜地吹着，吹得我的伤口发疼，它也疼痛吧，这头大笨熊，它会疼痛。然而这样的僵持不允许我们疼痛，我们时刻警惕着对方，以防再次向自己进攻。

再次进攻是在荒林的鸡叫头遍时。这样的僵持总会爆发的，不是你死就是我活，不是我活就是你死。我们都抱着这样的侥幸开始了第二次战斗。

这次战斗持续了一个多小时，北斗西斜，寒露深重，地上全覆上了一层白霜。树被扒了更多的皮，被我们的爪子深入进去了。这一次我们都没有增添新伤。我们开始小心翼翼地回避，但是气势依然如虹，吼声没有止息。低沉的吼声要尽量引起胸腔的共鸣。

天亮了，我们的脚下已经刨出了半米深的大坑，它一个，我一个。

苍蝇闻到了血腥，还有蚂蚁，还有更恐怖飞临的松鸦，松鸦的鸣叫是十分瘆人的，它以为又有什么死去了，它们将啄食。在这儿修简易的运木材公路时，松鸦就经常聒噪，因为在山壁上，经常有炸飞的人肉——都是哑炮和失手让炸药炸的。

松鸦的叫声让我的心乱了，它们黑色的翅膀比幽灵更可怕。我痛苦不堪。我想告诉它，我不想战胜谁，你放了我吧，让开一条路吧，我要上白岩，我只想上白岩，并不是掠食者。在这样的时刻我还称什么英雄好汉，没有必要啦。像我这样的命运我还争什么呢？我想告诉它，可它不懂，它不是我的同类，我说什么话都没有任何回应了，没有谁懂我，我的表达，我的语言，豹子的语言。无论我怎么说，那也是一个咆哮的哑巴，我就是哑巴！

又僵持了一天。

我们谁也不相让，谁也不能示弱。我想走开，绕开它。我看到它也想走开，到远处去。可是，我们谁都不敢先行一步。这是十分危险的，谁先走，就是开溜，另一个就会猛扑过去，咬住它。就是这样，我们只是不停地刨土，打过来，打过去，虚晃一枪也可以，拿树干出气，扒它的皮，抠它的筋。

又到了一个夜晚。

我们没有进一点食，喝一口水。我们也偶尔睡一会儿，那也是头对着头，在双方的默示下打个盹，眼皮会时常地睁开，以免对方偷袭。

我们已经达成了默契，我们如果行动，必须出声，吼着，告诉对方，我要行动了。

我们有时是佯攻，有时是真打。因为我们在这种漫长的对峙中都已经到了愤怒的边缘，它会发怒，会的，因此我们就撕咬。

“让开一条路！”我说。

“让开一条路！”它说。

我们听不懂对方的语言。我们只能不停地打斗。打一阵，歇一阵，各不相让。

我真的痛苦。那样的时刻我说不出地痛苦。何必呢，熊啊，我真的不想要你的命，你先走吧，我不会伤害你。我是想借一个道，一个便道，追猎的英气、贪婪和饕餮早就不属于我了，那样的豹子死了，死绝了，独剩下我，一道衰败的微风，一缕夕照，长着牙齿和爪子的树叶，徒有其表的枯涩皮毛，绝望的影子，流浪的尊严，渐渐消失的秘密，比天空还深的伤感。

我终于冲过去了！我想起我是一只豹子我才冲了过去。这已经有两天两夜。我从自己刨出的一米深的坑里冲跃过去，那头老熊也在自己的一米多深的深坑里往外探出头，但是它已经来不及对我下手了。它也轻松了，呜呜地吼着向低山走去，去掰农人的苞谷。

我是在这年的第一场大雪来临时爬上白岩峰顶的。我走了四四一十六天。我试图着从东、南、西、北的四个方向往上爬。我爬过坡度平缓但人烟稠密的南坡，更登过荒无人烟但山势险峻的北坡。我更多的是从绝少围猎危险的北坡与西崖上山。一级一级巨大的台地是我的小憩之处。我滚落过，我又上去了；我颓丧过，我又站起来。

我在白岩高高的峰顶望着脚下及远处的千沟万壑，望着那深藏在岩缝里的蝼蚁似的人群、村庄和炊烟，望着一小块一小块补丁似的坡田，望着蓝色的河流和满头银发的群山。我的身边什么都没有，没有那巨大的城堡和想象中的在城堡里走来走去的人们，他们古怪的服饰，友善的面容和奇妙的音乐都不存在。我只是看到了两个鹰巢，一大群巫婆似的老鸹，一两根在

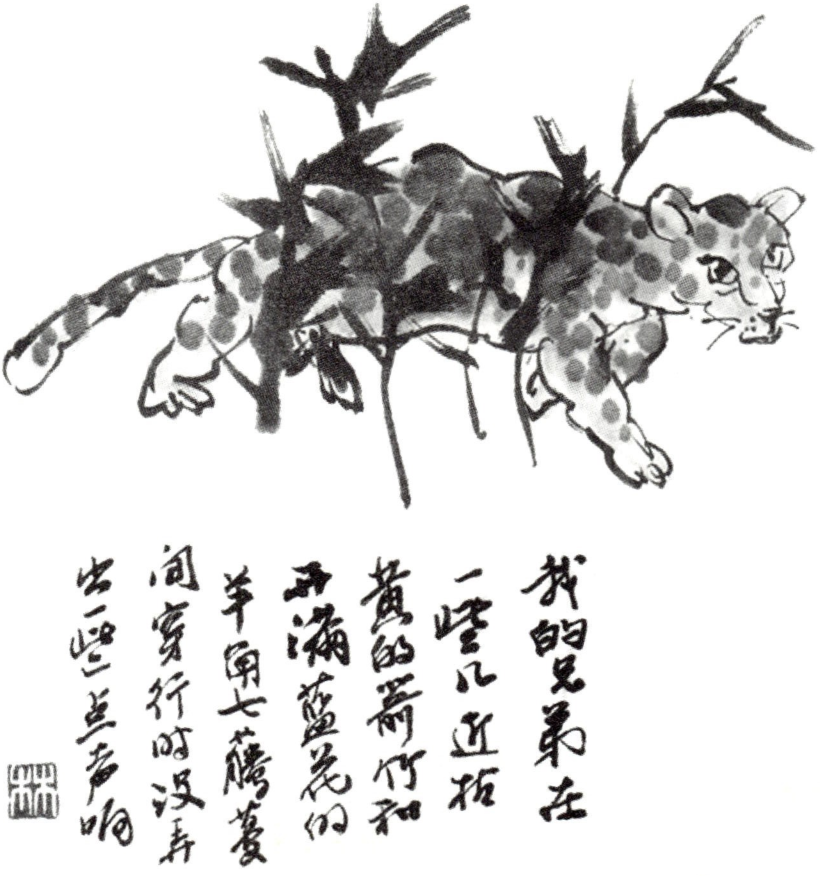
我的兄弟在
一些儿近枯
黄的蒿竹和
开满蓝花的
羊角七藤蔓
间穿行时没弄
出一丝点声响

厉风中独自怒吼了千百年的巴山冷杉。一些杂草，一些光滑的石头。

天气极坏，风雪和泪水迷茫了我的视野。可是，母亲，你站在我们童年的故居望着我吗？假如有夕阳，假如你还存在，你会凝望着我，你的儿子。你一定能望见我！你看到我踏上了只有鹰才敢筑巢的白岩，看到我高昂着头，在你的目光所能企及的地方，在最高处，孤独地站着。

我是真正地伤感。再没有一双眼睛了，没有了，没有任何一双注视我的眼睛。除了我。

我摇摇晃晃地下山又花了半个月。我找不到来路，况且我差不多气血衰竭了。我是连滚带爬下山的。我滚啊滚啊，有一天竟滚到了老关的坟前。老关的坟都塌陷了，它的旁边又有了一道新坟。这是他三儿子太的。我完全知道事情的来龙去脉。我是一只豹精了，这儿发生的一切这块土地都会暗示给我。

太有一天和他的嫂子去赶集，他们经过一个叫松冈的山垭时，走进一家包子铺。太的嫂子给太买了二十个腌菜包子，太的嫂子说："你若把二十个包子吃完，我的一袋烟还没抽完，你就不与我们分家。"太从来没吃过这么多包子，这么香的腌菜包子。他想，这些包子我几大口就吃完了，而嫂嫂的那袋烟至少要抽半个钟头。他咽着口水当即就点了头。

他的嫂子的那个烟袋正是他父亲老关的，是那只豹爪烟袋，铜烟锅，小酒盅那么大，太小时候经常被他父亲用烟锅敲脑袋。这烟袋没有成为老关的陪葬，让太的嫂子也就是老关的大儿媳给继承了。

太吃着包子，他以为包子太好吞了，又泡又软。可是那一天他嫂子的烟丝燃得太快。他越来越嚼不动，下颌无力，两颊发酸。嫂子的烟抽完了，那二十个包子总算被太塞进了嘴里。他嫂子磕烟锅的时候，看到这个小叔子头一歪，就困在了包子铺肮脏的桌子上，死啦。他的嘴里至少还含着三个没有下咽的包子，两只眼睛鼓鼓地瞪着面前的那个空盘子。

我已不再有报仇的意念。都有了，一切都够了。过去，我的幻觉中对我的兄弟唤我“斧头斧头”，我会听成“复仇复仇”。现在，我的兄弟再在我的意识中唤我“复仇复仇”，我却听的是“斧头斧头”。是亲切地唤我的名字，与别人无关。

今夕何夕？如今，我饿坏了。我很难搞到食物，我——这地球上跑得最快的动物，却再也逮不到一只田鼠，或者一头小鹿了。我跑不动啦，我时常饥一顿，饱一顿。好歹熬过了又一年，又一次听到山里春节爆竹的响声，又一次看到春天不紧不慢地到来了。

实话说，山上的野物也越来越少了，有时走上几天，看不到一只，如果多，我说不定广种薄收，能抓到一只打打牙祭。没有了，山下有羊，有猪，可是对付它们就是与强大的人类作对，我不愿冒犯人类，我服了他们，我怕他们。

我恍恍惚惚地经过一条峡谷，是一条干涸的峡谷。我觉得有些眼熟，我努力辨认，才记起这儿是石头落难的地方。然而现在这河里没水了，更没有鱼了。

太阳很好，可它射出来的光线令人头昏眼花。这么，我晃晃悠悠地迎着太阳走，再一睁开眼睛时，发现来到了一块平原上——我的眼前就是这样，我还站在山边，这块平地很大，被山围着。山上的树木并不多，到处是些灌木丛，马桑、海棠，还有一些不大的毛栗树，一些用来做香菌木耳棒的披头散发的栓皮栎，现在都发出了新枝，喷吐着它们的绿意。

大约是人们吃中饭的时候了吧，山下散落的房子上空飘来的炊烟和腊肉炖土豆的香味勾起了我潜伏的食欲，我有多少天没进食了？我没计算过，反正，我的牙齿已经忘记了食物，很久以来就没有咀嚼过了，它只是在半夜磨砺着回忆。我先是看见不远处一家人家的后面有一只羊。我观察了半天，没有狗，也没有炊烟。没有炊烟就没有人。我慢慢朝羊接近。可是那只羊太大了，那只羊发现了我，拔腿就跑，还发出咩咩的叫声。我只好止步，伏在草丛里，以免惊动了人们，让我遭罪。

羊跑到了屋前，那是我不能去的地方，虽然我没有发现有人。

我沿着山根走，一直没有人，这个村庄是如此寂静，甚至狗都没叫一声。这使我放松了警惕。就在这时，我看见了一个小孩。我抬起头细看周围时，看到了一处石头下，有一个坐在地上玩耍的小孩。他是谁？他在干什么？我来不及问自己。我只是看到他很小，大约也就一两岁的样子，他津津有味地玩着一块石头，还不时把石头送到流涎的胖乎乎的嘴里去啃。

我看到了什么？我看到了他的两个耳轮——我当然是先看到他柔软的头发和胖乎乎的脸，再看到那耳轮。大耳轮！老关的耳轮，猎人的耳轮。这是美味！我突然想起了一句话，我记不清是谁这么给我说过：“你只有咬住猎物才是一只豹子！”我的天！谁在暗示我？我记不起是谁的声音，我却记起了我现在是谁，是豹子！豹子，两个灿烂的字！好久我都忘了我是什么，我是否还活着，我是谁。我咬住了小孩的耳朵，我的牙齿切到肉的深处，我才记起我是一只豹子！

几乎差不多在同一个时刻，在我咬、小孩叫的时刻，从旁边放土豆的地窖里冲出一个身影，像一头山兽扑向了我。我没有看清楚小孩的旁边有个地窖。我低伏住头，我放开小孩，我用牙齿迎向这个黑影，用尾巴抽它。我与那矫健灵活的黑影搏斗。那个黑影飞上了我的头顶的一块石头，然后飞身而下，我来不及躲闪，我的脊椎就被压断了。我像一张纸一样趴贴在地上，我想站起来，站不起来了，这里的人谁都知道，我们是铜头铁尾麻秆腰。接着，从地窖里又跑出来许多人，雨点似的棍棒砸向我。

我看见了我的母亲。

珍珠鸟

◎冯骥才

真好！朋友送我一对珍珠鸟。我把它们放在一个简易的竹条编成的笼子里。笼内有一束干草，那是小鸟舒适而又温暖的巢。

有人说，这是一种怕人的鸟。

我把笼子挂在窗前，那儿还有一盆异常茂盛的法国吊兰。我便用吊兰长长的、串生着小绿叶的垂蔓蒙盖在鸟笼上，小鸟就像躲进幽深的丛林一样安全，从中传出的笛儿般又细又亮的叫声，也就格外轻松自在了。

阳光从窗外射入，透过吊兰，那无数指甲状的小叶，一半成了黑影，一半被照透，如同碧玉，斑斑驳驳，生意葱茏。小鸟的影子就在这中间隐约闪动，虽然看不清楚，甚至连笼子也看不出，而它们可爱的鲜红小嘴儿却从绿叶中不时地伸出来。

我很少扒开叶蔓惊动它们，它们便渐渐敢伸出小脑袋瞅瞅我。我们就这样一点点熟悉了。

三个月后，那一团愈发繁茂的绿蔓里边，发出一种尖细而娇嫩的鸣叫。我猜到，是它们有了雏儿。我呢？决不掀开叶片往里看，连添食加水时也不睁大好奇的眼去直视它们。过不多久，忽然有一小脑袋从叶间探出来，雏儿！正是这个小家伙。

它小，就能轻易地由疏格的笼子钻出身。瞧，多么像它的母亲：红嘴红脚，灰蓝色的毛，只是后背还没有生出珍珠似的圆圆的白点，它好肥，整个身子好像一个蓬松的球儿。

起先，这小家伙只在笼子四周活动，随后就

在屋里飞来飞去，一会儿落在柜顶上，一会儿神气十足地站在书架上，啄着书背上那些大文豪的名字，一会儿把灯绳撞得来回摇动，又赶忙逃到画框上去了。只要大鸟在笼子里生气地叫一声，它立即飞回笼里去。

我不管它，仍然打开窗子，它最多只在窗框上站一会儿，决不飞出去。

渐渐地它胆子大了，就落在我的书桌上。

这小家伙先是离我较远，见我不去伤害它，便一点点挨近，然后蹦到我的杯子上，俯下头喝茶，再偏过脸瞧瞧我的反应。我只是微微一笑，依旧写东西，它就放开胆子跳到稿纸上，绕着我的笔尖蹦来蹦去；跳动的小红爪子在纸上发出细微的嚓嚓声。

我不动声色地写，默默享受着这小家伙亲近的情意。这样，它完全放心了，索性用那涂了蜡似的、角质的小红嘴，“嗒嗒”啄着我颤动的笔尖。我用手抚一抚它细腻的绒毛，它也不怕，反而友好地啄两下我的手指。白天，它这样淘气地陪伴我；天色入暮，它就在父母的再三呼唤中，飞向笼子，扭动滚圆的身子，挤开那些绿叶钻进去。

有一天，我伏案写作时，它居然落到我的肩上。我手中的笔不觉停了，生怕惊跑它。呆一会儿，扭头看，这小家伙竟趴在我的肩头上睡着了，银灰色的眼睑盖住了眸子。小红脚刚好给胸脯上长长的绒毛盖住。我轻轻抬一抬肩，它没醒，睡得好香！还咂咂嘴，难道在做梦？

我笔尖一动，流泻下一时的感受：信赖，往往能创造出美好的境界。

老虎大福

◎ 叶广芩

年年养子在空谷，雌雄上下不相逐；
谷中近窟有山村，长向村中取黄犊。

〔唐〕张 籍

一

大福死于三十七年前的一个春季。

二福现在是秦岭自然保护区动物保护科的干部，现年四十六岁。

今年野生动物保护会在秦岭召开，我与二福再次相聚在凤草坪。

今天的凤草坪是秦岭腹地一个繁华的小镇，108 国道穿街而过，街上有高级宾馆、歌舞厅、美发屋、浴足阁和档次不低的饭馆，还有傍晚时节满街溜达，顾盼生情的美丽小姐……总之，大城市有的这里一应俱全，一样不缺，你不会因了异乡而生疏而寂寞。深山的小镇实实地赶上了时代步伐，跟全国人民一道，一步不落地奔了小康。

让人欣慰。

也让人揪心。

会议在“大福山庄”举行，三星级的山庄依山而建，借了山水的景致，白色的建筑显得高雅气派，管理也井井有条。主人介绍说宾馆是由二福的两个兄弟三福、四福承包的，跟宾馆一样，三福、四福也是一对星级人物，被誉为哪哪儿的“十佳”青年，很是见过世面的。三、四二位福我不认识，只记得他们在会议开幕式时露过一面，是一对长得一模一样，大头圆眼，看人有点虎视眈眈的汉子，气质跟二福完全不一样，不像一个娘生的。二福说他们是一对双胞胎，是一对只认识钱不认识人的动物。二福是我的朋友，十六年前我在秦岭里采访认识他的，他爱文学，为人仗义，时常的还爱多愁善感，是那种动辄眼圈就红了的人。那时他在读林学院，放暑假在家，他跟着我在山里跑了一个多月，我们的交情不错。我去过他的家，也见过他年老的父亲、母亲，他们都是很不错很善良的老人。二福很少跟我提起他的父母，甚至也没说过一模一样的两个福，二福给我讲得最多的是大福的事。第一次见面他就让我一定要写大福，后来几次相遇他还是说这件事，这次开会，他的这个要求似乎更为迫切，简直是刻不容缓了。

饭桌上，喝得脸红脖子粗的二福敲着桌子说，现在名人都讲立传，连那些除了钱什么也没有的狗屁企业家也忙不迭地找文人给自个儿写传记，说到这儿，二福扫了一眼坐在下首的三福、四福，那两个福赶紧低下了头，避开了二福的目光，表情有些尴尬。谁都知道，目前山庄最好的客房里正住着一位作家，宾馆每天好烟好茶地供着，作家正为两位“十佳”写一篇八万字的报告文学。二福不客气地对我说，大福为什么就没人写？你们这些文人太势利，谁给钱就替谁吹，天花乱坠地吹，没意思极了。叶大姐，我要是替大福给你钱，你写不写？

二福在将我的军。二福喝多了。

我答应为大福立传，立大传。

于是大家就为大福干杯。

也为大福山庄干杯。

回到西安我才觉出大福的传实在不好立，无从下笔，对着电脑傻愣半天，竟写不出大福的任何文字，于是只好搁下大福说二福。

二

二福大名李二福，秦岭南麓桦树岭人。

桦树岭属凤草坪管辖，凤草坪现在是镇，过去叫公社，是秦岭山中最为偏远的一个政府机构。凤草坪公社下属三个生产队，有居民五十二户，分散于六条山谷中，除了四、七的集日，大家翻山越岭到凤草坪的街上以土蜂蜜、草药、毛皮等山货换些生活必需，一般很难与外界接触。二福的家乡桦树岭位于胥水河北岸的山坡上，林深菁密，百姓生计以狩猎、挖药为主，兼或种植包谷、洋芋、四季豆。山高土寒，加之野物糟蹋，收成极为有限。

二福家住在桦树岭梁顶，这里的海拔已经很高了，除了针叶林没有别的树木。站在二福家门前有限的空地上朝南望，南面群山奔涌，重岩叠嶂，让人感到很雄伟，很荡气回肠。二福家的人体味不到这些，他们活得很实在，也很艰难，雄伟不能当饭吃，荡气回肠也需肚子里有东西才行，二福的爹和娘一年四季都在为嘴忙碌，为生计而操劳。爹漫山遍野地挖药，爹是个好药工，爹能挖到名贵的太白手儿参，挖到罕见的独叶草，还有山茱萸、太白贝母什么的。爹向来是早出晚归，有时走得远了，就宿在山上，几天不回家的时候也有。家里的活计都堆在娘的身上，二福的娘很能干，二福娘早年是从四川逃荒过来的，人矮小却能吃苦，种庄稼，养猪，搂柴，手脚从不闲着，当地女人不能与之相比。

秦岭山地的小气候有它的独特性，山外闹旱灾，山里却是连年的小丰收，1953 年娘在川北饿得实在受不住了，沿着荒废了的傥骆古道来到了桦树岭，在李家停住了脚步，后来就有了二福，成了二福的娘。二福娘猪养得好，四川人都会养猪，会做熏肉，娘每年养一头猪，初秋喂起，来年春天就催肥了，端阳屠宰，肉挂在梁上能吃到第二年春节，多余的还可以拿到集上换盐米。熏肉是李家极为重要的食源财源，娘把猪看得很重，二福一顿不吃娘不在乎，猪要是一顿不吃，娘就坐立不安了。

二福叫二福是因为习惯，他的前头并没有一个大福。山里人忌讳多，出于对大自然的敬畏，头生孩子从不称“大”，长子都从第二开始排，把第一让给山里的大树、石头、豹子、狗熊什么的，都是很雄壮，很结实的东西，跟在它们的后头论兄弟，借助了它们的生命和力量，意为好养活，能长命百岁。这一地区的孩子每人都有属于他们自己的“杨树大哥”、“豺狗大哥”……二福的大哥是“彪”，彪就是老虎，山里人对老虎不直呼其名，或叫“彪”，或叫“大家伙”。

二福问爹见过大家伙没有，爹说没有。爹说打1952年成固沙河营枪毙了一只大家伙以后，秦岭山地就看不见大家伙了。爹把猎杀叫做“枪毙”，这是爹的叫法，爹常常运用些新名词，比如把“花熊”叫“熊猫”，把“娃娃鱼”叫“大鲵”，把“爬坡”叫“上海拔”，把“柏羊”叫“羚牛”什么的。

爹是桦树岭大队的队长，队长的语言应该和普通老百姓有所区别。

二福很遗憾，他的大哥大福原来只是个徒有其名而没有实际内容的符号——秦岭山里没老虎。

1963年，二福九岁。

九岁的二福读小学二年级。学校在东河台，离桦树岭七里，每天天刚亮二福就得背着书包上路，赶太阳半竿子高才能到学校。小学校的周老师体恤山里的孩子道远，把头一节课永远安排成音乐，让他们来了先扯着嗓子唱一气，败败火。东河台小学的孩子们会唱的歌很多，他们唱得最好的是那首《小鸟在前面带路》。《小鸟在前面带路》其实是一首很城市的歌，不知怎的却被山里的孩子这样看好：

小鸟在前面带路，
风儿吹着我们，
我们像春天一样，
来到花园里，来到草地上。
鲜艳的红领巾，

美丽的衣裳，

像许多花儿开放。

跳啊跳啊跳啊，唱啊唱啊唱啊……

孩子们问周老师，“花园”是什么，周老师说花园就是凤草坪的森林和山地；孩子们问“美丽的衣裳”什么样，老师说就是过年走亲戚时穿的那样……孩子们说知道了，就很动情地唱，在歌唱中他们穿着过年的新衣服，在林子里，有太阳鸟在头上飞，有厚朴花在周围开，感觉非常好。下午太阳一偏，周老师早早就把孩子们放了，让他们早点回家，山里的孩子，家务活都很重。

二福的功课很糟糕，算术尤其不行，他背不出乘法口诀，理解不了为什么 2×3＝6。老师费了好大劲也给他讲不清楚，老师就说，一只山鸡一窝抱俩蛋，三只山鸡抱几个蛋？二福说谁知道抱几个，不下蛋的也有，让青鼬拉去的也有，漫山胡蹿、乱占窝的也有……老师点着二福的脑袋说，你呀……你呀……

二福回家问爹，爹也搞不清三只山鸡下几个蛋，爹说，这问题谁也搞不清，也没必要搞清。后来周老师见了二福的爹，让爹抓抓二福的算术，爹说，抓个啥嘛，你那几只山鸡的糊涂账把老子也算得脑壳疼，我们的二福将来不当大队会计，用不着费这个脑筋。二福认为爹说得很对，爹和他一样，打心眼里看不起算术这门课。如爹所说，上学么，能认识几个字，会写自己的名字就行了，大学毕业怎的，大学毕业也得和大家一样，将一写成一，将二写成二，不能把一写成花。二福的语文比算术学得相对要好，二年级没有作文，但是二年级有看图学说话，每当有“学说话”的时候二福的话就特别多，二福的想像力太丰富了，他能从书上简单的三两幅画上讲出画里根本没有的东西，比如“大风吹破了蜘蛛的网”，用拼音拼出的一句话，让二福来讲述就复杂了，蜘蛛是什么样的蜘蛛，在哪哪结了个什么样的网，网住了什么样的虫子，蜘蛛的心情如何兴奋，虫子的心情是如何恐慌，刮了阵怎样的风，蜘蛛在风中是如何护网，小虫子们沿着蛛丝如何四处逃散……二福描绘得有声有色，如亲眼见到一般，把班上的同学连同周老师，唬得一愣一愣的。同学们说他爱瞎编，老师说他想像力丰富……

二福在课堂上艰难地计算山鸡蛋、编造蜘蛛网故事的时候，他们家的土狗黑子就趴在他的桌子底下。黑子是条很懂事的狗，凶猛无比，什么都敢扑咬，竹鼠、野兔，也包括村里的鸡。黑子有一身油亮的黑毛，那毛在太阳下泛着蓝光，见了生人，黑子眼睛就细眯着，喉咙里呼呼地吼，趁人不备，冷不丁地冲上去，照着人家的腿肚子就是一口。常有下乡的干部遭了黑子的活，公社统计过，被它咬过的干部已经有十四个之多，其中还有一个女的。公社让爹把黑子处理了，爹当然舍不得，二福也舍不得，爹说黑子是村里的狗与豹子沟那只黑豹杂交的产物，要不然它不会有这么大野性。二福开始也认为黑子身上有豹的血统，他长大后到杨陵上了农学院，才知道豹和犬是两个科目，受基因的限制，它们之间不可能有任何杂交成果，黑子就是黑子，它是一只地道农村土狗，没有任何野性的背景。但当时他和爹都是把黑子认作黑豹的后代的，爹把看管黑子的任务交给了二福，二福就天天带着黑子上学。黑子在前面跑，他在后面跟，黑子有时钻得不见了影儿，二福也不急，他知道，黑子准在前面的什么地方等着他。

周老师不让黑子进教室，说人狗同堂不成体统，黑子扭身就把周老师养的三只大青兔给干掉了，把老师心疼得眼泪差点儿没掉出来。黑子对周老师的悲伤不为所动，对让不让进教室也并不急切，它又对周老师穿花裤子的小女儿妞妞感了兴趣，只要妞妞从门缝一探头，它立即就扑过去，冲着小丫头龇牙，吓得小丫头哇哇地哭。丫头比大青兔更珍贵，周老师权衡再三，终于允许黑子进入课堂，条件是不能影响课堂秩序。这点二福说他完全可以保证，黑子除了不会说话，跟人没什么两样。黑子进入教室很是趾高气扬，尾巴高高地卷着，迈着碎步，脖子上挂了二福的书包，一脸严肃，一脸郑重。进入教室的黑子先是仔细地将墙根嗅了一遍，在每个墙角都撒了一泡尿，确认了自己的领地，然后围着讲台转了两圈，巡查完毕才卧在二福的课桌下头，跟着大家上课。教室里有一、二、三，三个年级，一年级写作业的时候二年级上课，二年级写作业了，三年级上课，黑子不用写作业，黑子一、二、三年级的课都上，那年月，黑子着实听了不少课，如果填学历的话，它填小学三年级应该是当之无愧。

三

这天，二福和往常一样，天一亮就离了家，黑子犯懒贪睡，死活不出家门，被爹狠狠地踢了一脚，嚎着，跑下山路。二福娘挺着大肚子从火塘里刨出几个烤洋芋，追出来塞在二福兜里，这是他中午的口粮，其中也有黑子的。娘让二福早些回来，回来给猪打些草，二福答应着，追他的黑子去了。娘的肚子一天比一天显露，已经干不了打猪草一类的活了，二福明白，再过几个月娘就会给他们家生出一个三福来。二福没有兄弟，二福常常感到孤单，所以二福就盼着娘早点生，好让他和三福早点见面。可是娘不着急，娘说她肚子里的不是三福，是个妹子。二福听了有点失望，他不想与娘争，他知道这事他和娘都做不了主，就像牛下犊似的，是公是母，谁说了也不算。

黎明的气息潮湿而清冷，一弯残月正向西面山垭缓缓滑落，是秋天了，山野一片斑斓，红的、黄的、紫的、绿的，油松、红桦、铁杉、木竹……东方泛白，依稀辨出路的痕迹，小径在林子里穿来绕去，如同一根轻柔的线。看不见小溪，只能听见一缕淙淙的水声，像是有人在林子深处不停歇地低低吟唱。许多树的叶子都落了，红红的裤裆果挂在枝头，晶莹圆润，摘下来咬一口，酸甜流汁。熟透了的野山栗带着硬壳掉在地上，小刺猬一样可爱。头顶的山雀拉着长声叫了一声，尖利而清脆，像谁要把它杀了一样，继而这里那里泛起了不同的音响。

鸟们的大合唱开始了。

杂木丛里有山猪拱过的土，它在翻找猪苓。岩石后头有一大堆长圆的黄草团团，是熊猫的粪便，二福看那粪便很湿润，还散发着竹子的清气，便料定昨天夜里花熊在这儿过了夜。路拐弯处灌木被折断，周围满是斑斑血迹，血迹新鲜凌乱，看来天快亮的时候这里曾有过一场厮杀……

山林的夜是活跃的，不安的，充满生命力的。

二福走得有点急，出了汗，他不明白今天是怎么了，心里毛扎扎的，像要出事。这条路二福经常是一个人走的，他对路上的每一块石头，每一棵树都很熟悉。进林子半里有条岔路，是通到后沟的，后沟住着二福的几个同学，他们上学的路比他还远，常常走在他的后面，也有彼此在路口碰上的时候，碰上了就一起走，浩浩荡荡的一拨子人，吵闹得松鼠上树，兔子钻洞，能把个林子掀翻了。今天二福在岔道口没碰上后沟那一伙，二福就一个人走，很有些寂寞。二福打了声口哨，呼唤他的黑子，黑子没有反应，黑子走得远了。二福很生气，他决定吃一个洋芋，压一压心慌，也气一气黑子。二福背靠着一棵山毛榉坐下来，摸出一个大个的洋芋，洋芋被娘烤得焦黄焦黄的，还热乎着，二福把上面的灰吹了吹，掰开来，大口大口地往嘴里填，洋芋很烫，害得他舌头在嘴里来回地倒，噎得直伸脖子。

正吃得热烈而认真，二福听到身边的草丛里有刷刷的响动，低头一看是黑子，原来黑子没跑远，就在他跟前藏着。二福瞪了黑子一眼，把洋芋在它眼前张扬了一下，又填进自己嘴里。黑子一反往常跟他抢吃抢喝的做派，对他手里的洋芋竟然不闻不问了。二福说，黑子你啥时候变得这样装模作样了呢。黑子不理他，黑子的眼里满是绝望的恐惧，浑身战抖着，往二福的身底下钻。二福往外掀着黑子说，你干什么你，你一身露水把我衣服都弄湿了。可是任他怎么掀，黑子还是要钻。

四周静得出奇，连鸟儿也不叫了，一种莫名其妙的气氛将他罩住，二福觉着自己周身软得没有一点儿劲了，一种生物的本能，使他觉察到周围环境的异样和不同凡响，头发根也立起来了，巨大的恐惧向他逼压过来，二福喘不出气了，一口洋芋含在嘴里，竟然忘记了吞咽。

二福在灌木后面发现了一双眼睛，一双硕大的、炯炯有神的眼睛，那双眼睛正注视着他，从眼睛，二福看到了一个黄乎乎、带着斑斓黑纹的大家伙。虎！二福的脑袋轰地懵了，他想跑，站不起来；想哭，哭不出声；想喊娘，张不开嘴。他完全地找不到自己了。黑子钻到了他的怀里，钻到了衣服下面，哆嗦得已经不能控制，它被吓坏了。其实老虎早就看到了二福，在二福坐下来吃洋芋的时候便落在了它的视线之中，许是吃饱了，它现在懒得搭理这个小人儿。老虎看够了二福，懒洋洋地打了个哈欠，正好是顺风，二福闻到了一股能让人窒息的腥臭气味……

二福和老虎不过几米距离，他现在已经不会思维，不能举动，他把一切交给了近在咫尺的大家伙，完全地听天由命了。

彼此在僵持。

小路上，传来了孩子们的声响，住在后沟的同学们过来了，他们一路敲打着露水，一路说笑着，向这边走来。走在前头的是花玲，花玲边走边摘果子吃，一张嘴让裤裆果染得通红。花玲看到了二福，问二福干吗坐在树底下，二福眼睛发直，说不出话，花玲回身对后头的张建社说，你们看，二福是怎么啦？大家就围着二福转，七手八脚地把他往起拽。二福脸色苍白，灵魂出壳，一双眼睛死盯着灌木丛不放。

花玲说，二福，二福你说话啊。

一个叫王成的同学说，二福眼下的情景是让山鬼迷住了，桦树岭的山鬼蔫坏蔫坏的，常迷惑人，爱跟人开玩笑，有时人坐下歇脚，站起来就犯迷糊，不知道往哪儿走了，这都是山鬼在作怪，所以坐下时一定把手里的棍朝着要去的方向摆，山鬼就没办法了。

大家就笑，就说那山鬼，就拉着二福走。二福身底下一股臭味，是拉了一裤子。大家说二福没出息，二福的眼睛还是盯着灌木后头看。

花玲搡了二福一把说，那儿有宝贝不成。

王成说，我去看看。张建社也说去看看，两个人都朝灌木后头跑。

灌木后头什么也没有。

黑子汪汪叫着朝草棵里咬，不依不饶的。张建社看了看，说草里有只豹猫，蹿树上去了。

王成喊来了周老师，周老师让大家轮换着将二福背回家来。二福娘见了二福那一裤裆屎，气不打一处来，说走时还好好的，怎的一会儿工夫就成了这样，越活越回去了么？周老师说二福大概是撞见什么了，有点魂不守舍。王成还说是撞见山鬼了。二福娘说，娘老子从来就不信啥子山鬼，政府都号召破除迷信，你们学生娃儿还信山鬼，羞不羞么。周老师让大家帮着给二福洗了，让花玲把二福的脏裤子拿到溪水边去冲，花玲捂着鼻子，拎着裤子出去了。

娘冲了一碗蜂糖水，给二福喝了，二福才稍稍缓过劲儿来，脑袋上还是冒虚汗。

大家这么折腾的时候二福爹一直没吭声，二福爹坐在火塘边，青着脸一袋一袋地抽旱烟。儿子的举止让他觉得丢人，遇到点事就拉稀，哪里是男子汉所为，他是队长，队长的儿子在林子里拉了一裤裆……连兔子也要笑话哩。

直到二福喝完了那碗糖水，爹才闷着声问二福到底遇见了什么。

二福光着屁股坐在被窝里，靠着墙，神情还是有点恍惚，见爹问，心有余悸地说，看见了……大……大家伙……

爹乐了一下，吐了口唾沫说，你知道大家伙是什么样子，你从来也没见过大家伙，你怎认定那就是大家伙？

二福说那就是大家伙，他在公社办公室的宣传画上见过。

爹说秦岭山里早就没有大家伙了，就是有，他整日钻山，也应该看到蛛丝马迹，但是这些年来他什么也没发现。二福说那东西块头很大，黄的，有条纹，嘴很臭，两个眼睛像铃铛。

爹说，越说越像，跟真的似的，要真是大家伙，黑子会咬，我知道黑子，方圆百里惟一的一条好狗。近近的路，我怎的就没听见？真遇上大家伙，你能这么完完整整地回来？

二福拿眼光满屋找黑子，黑子盘在火塘边，也正拿眼睛瞄他。

周老师说二福的想像力的确非常丰富……

二福哭了。

娘哄着二福说，我娃儿就是看见大家伙了，大家伙对我娃儿友善着哩，大家伙是我娃儿的大哥，我娃儿是它的兄弟。

花玲说，二福今天是遇上他哥大福了。

大家就大福、大福地叫，好像桦树岭真有个大福似的。

二福在炕上足足躺了一个月，拉稀。

找大夫看过，说是稀屎痨，得提气，于是爹一个秋天都在给二福挖黄芪。娘说二福是吓破了胆，托人四处去求豹子胆，说二福只有吃下豹子胆，才能把肚里的破胆换下来。二福想，他也不是暖水瓶，胆怎么能说换就换呢。

一个月里，二福吃了不少黄芪，直吃得鼻子蹿血，浑身躁痒，脸色黄黄的，有了黄芪的颜色。稀是不拉了，经常的大便干燥，拉屎倒成了一件很艰难的事。遗憾的是娘念叨的豹胆终是没吃上，豹子胆是可遇不可求的东西，并不是秦岭里所有的豹子都愿意把胆给献出来，倒是张建社给他送来过一个狗胆，是后沟张家那只半大狗踩了套子，死了，张建社特意给二福要来的。爹说吃狗胆不抵事，张建社说，怎的不抵事，书上还有“狗胆包天”的话哩。

爹说，那不是好话，再说，张家的狗还是个嫩伢子，没经过阵势，吃它的胆还不如吃黑子的，黑子的比它强百倍。

黑子觉着这话不受听，不屑地扫了爹一眼，哼了一声扭出去了，给屋里丢下一个臭屁。

二福想，吃哪个的也不吃黑子的，在关键时刻，黑子真不是个东西。

四

一进冬月，山里下了第一场雪，纷纷扬扬的大雪一下就把山林盖严了。爹不去挖药了，爹为全国人口普查的事忙得焦头烂额，县上派下来的普查干部很认真，要一户一户地落实，爹就跟着人家从东岭到西岭，从三官庙到大鼓坪，腿脚不停地走家串户，山里人住得稀，有时候一天只能跑一家，普查的进度十分缓慢。

爹出去干公事，娘就操心圈里那口猪，熬食、垫圈、盖草帘子，生怕猪受一点委屈。二福家这头猪是从公社科技站吆回来的叫约克夏的洋种，浑身粉白，骨架子大，耳朵立着，能吃，长膘快，娘说照这种长法，等不到端阳就能吃肉了，明年让爹还到科技站去弄约克夏，以后他们家就老养约克夏。娘为猪忙活的时候就给二福端个凳子，让他坐在门前晒太阳。二福坐在自家门口，看着雪光里奔涌的群山，心里很有些感动，那时候他还不知道毛主席“山舞银蛇，原驰蜡象”那些指点江山的豪迈话语，就他的小心眼里也很为家乡的景致自豪了。雪底下，山野静卧着，路没了，林子也没了，高高低低的一片白。天晴得碧蓝碧蓝的，有云在飘，那云从西面的山背后冒出来，向桦树岭这边游荡，渐渐地散了，散了，到了二福头顶，就什么也没有了。一个黑点在半坡的雪地上拱，一会东，一会西，是黑子在给自己找乐子。

二福从雪中的黑子想到了大福，那个辉煌的庞然大物此时不知巡游在哪块地方，它像是一个从天而降的神，不用打招呼，说来就来了，雄壮、威猛、傲慢、孤独，完全是“王”的派头。二福每每回想与大福的不期而遇，恐惧中往往隐藏着一种欣喜，毕竟这是一种缘分，毕竟大福对他没有任何伤害，大福不过看着他，就像他也看着大福一样，双方很平和，莫非真的因为他们是兄弟？迄今为止，见过大福的只有二福，别人谁也没有这种机会，甚至到现在为止，大部分人包括爹在内，还不相信大福的存在，这更让二福感觉到是一种命运的驱使，一种推不开的必然机缘。慢慢的，二福心里对大福有了一种手足般的挂念，有了一种不便言说的牵肠挂肚，他盼望听到大福的信息，希望能够见到大福的身影，听到大福的声音。二福一次次在心底呼唤着：大福，大福，你在哪儿呢？

自那以后，谁也没见过大福，山林也没留下过任何大福的踪迹，大福突兀地消失了，就像它的突兀到来一样。

太阳灿烂地照着，雪光耀眼。

二福的身体慢慢痊愈了，转眼春节快到了。

爹要把约克夏杀了，娘说膘还不厚，再等俩月。爹说这老约再等俩月该成猪精了，就现在，猪圈已经快装不下它了。娘说不能因为圈小就杀猪，这道理就跟不能因为房窄就搬家一样简单。

二福知道爹是因为嘴馋，他们已经有许久没尝到肥肉星了，爹打回的山猪、豹子肉毕竟太粗，把人吃伤了。二福何尝不盼着杀猪，去了这头猪，他们家会省出多少工夫来啊，至少娘能歇一歇了。

但娘死活不让杀，娘说宁肯过年不吃肉。

过年怎么能不吃肉呢，腊月廿三，二福跟着爹背着夏天挖的一口袋干猪苓到风草坪去赶集，主要目的就是买肉，买过年的肉。躺了一个多月的二福，走起山路来两条腿还有些发软，他走得很吃力，爹背着背篓时常站下来等他，爹等他的时候就在路边寻找猪苓。猪苓和茯苓不同，虽然同是长在地底下，都是菌类，一黑一白，功能都是利水，但猪苓难挖多了，猪苓在地表上没有一点特征，很多情况下是凭着挖药人的经验和感觉，不是回回都有收获。猪苓比茯苓的价格要贵一倍多，一斤干货八毛钱，这天爹和二福卖了九斤，一共七块二，这笔账二福算得比药材收购站的老张还快，二福不笨，他只不过算不清山鸡的蛋罢了。

出了收购站，爹的腰包鼓了很多，爹和二福决定在镇上好好逛逛，办点年货回去。七块二毛钱对二福家来说实在是笔大款子，猪肉四毛一斤，白面一斤一毛三，爹让二福算了，手里这点钱能买十八斤肉，能买五十五斤面哩。

是年前最后一个集了，街上人相对比较多，小路从不同的方向在凤草坪会聚，人流也从不同方向向凤草坪云集。男女老少，大多认识，彼此很大声地打着招呼，问着近期的景况。二福在街上看见了不少同学，花玲和她娘的嘴都红红的，油汪汪的，一看就是才吃了凉皮的缘故，二福知道，这娘俩的红油嘴要在凤草坪转遍，然后回到后沟，保留到让所有的村人都看到后才会擦去。山里人，上街能吃碗凉皮是派头，是享受，一碗凉皮八分钱呢，一斤盐才多少！二福也知道，花玲和她娘准是两个人吃一碗凉皮，凭花玲娘那精细，摆谱只会摆在面子上，不会摆在肚子里。二福还看到了王成，王成提了两只山鸡在卖，他的小妹子瘦猫似的，揪着他的衣襟，瑟瑟地站在旁边，看着来来往往的人。二福想，将来他娘要是也给他生这么一个又细又丑的妹子，也拽着他的衣服站在大街上，能把他窝囊死。周老师在公社大门口支了张桌子，义务给农民写对联，写一副不收钱，写两副收三分钱。农民大多都写一副，红纸是要自己出的，没有让人写对子还要贴纸一说。爹买了一张红纸，沿边裁下两细条，剩下宽的让二福拿到周老师跟前，周老师一看那纸的大小就知道要写什么，也不说话，提笔在纸上写了“天地君亲师”几个大字，这字在三十晚上是要张贴在堂屋正中墙上的。至于两条红纸，爹不会让周老师再写了，再写得给钱，爹和山里的山民一样，有自己的土办法，回家用碗在上头扣几个黑圈，贴在门上一样的鲜亮喜庆，谁能说它不是对联呢。

写完了对联，二福随爹来到肉摊，卖肉的霍屠户和爹认识，霍屠户知道爹是队长，言语间就多了些媚气，爹说要肥的，五斤，霍屠户就给了肥肥的五斤，大白膘有寸厚，额外还饶了一根猪尾巴。霍屠户问爹要不要猪头，爹不要猪头，爹要了半截猪肠子。爹让二福用从家带来的油纸把肉和肠子包了，裹了一层松枝，搁在背篓的最底层。后来二福和爹还逛了合作社，合作社的货架子上空空的，只卖盐和草纸什么的，也有些简单的文具。爹用布票扯了两尺花布，红花绿叶的那种，一看就是给丫头的。

爹说，开春你娘就要生了……

二福明白，爹和娘是一个心思，都想要个妹子。二福不想要妹子。

二福想让爹给他买把有刻度的绿化学尺子，张了几次嘴都没能说出来，毕竟那玩艺太奢侈了，乡下的孩子谁能用得起那东西呢。爹问二福想要什么，二福咬着牙说什么也不要。二福想，爹起码得带他在镇上饭馆里美美儿吃上一顿，自己出来的最终目的不就是为着这个么。

果然爹问他想吃什么，这回二福再不客气了，二福对爹说想吃菜豆腐，吃两碗。爹今天很大方，爹说吃三碗也行，吃几碗都行，今天管够。说着，爹领着他进了路边的小饭铺，给二福要了两碗菜豆腐，一个馍，自己要了二两白酒一碟卤猪耳朵。菜豆腐就是嫩豆腐和大米一起煮成的豆腐稀饭，是陕南的大众吃食，桦树岭不出大米也没有豆腐，桦树岭的孩子大人就很难吃得上菜豆腐，菜豆腐两分钱一碗，所以二福吃几碗都不算过分。

爹看二福不住地盯着卤猪耳朵，把碟往自己跟前拉了拉说，你的肚子刚好，不能吃这个，要是再拉，那些黄芪就白费了。

二福觉着爹真小气，为了表示不满，二福喝了六碗菜豆腐，直撑得肚儿溜圆，像娘一样弯不下身子了。

隔壁桌子上坐着二郎坎的一个老汉，老汉姓郑，是厚畛子公社的，爹在二郎坎挖药，在郑老汉家住过。郑老汉看见爹，高兴地把自己的吃食挪过来，跟爹一块儿享用。郑老汉的酒是铺子里卖的红薯干散酒，下酒的是自家的腌蕨菜干，蕨菜干又干又硬，一口能嚼半天……郑老汉跟爹聊天，说最近二郎坎那边办了林场，采伐队进了山，把沟里的二十几户壮劳力都招成了工人，他的六个儿子尽在其中，工人吃商品粮，拿工资，就是阴天下雨不干活也拿钱，还有劳保，工作服发的是硬崭崭的劳动布。

爹羡慕地说，这样的好事可惜就轮不到桦树岭头上，你们二郎坎的人怎的就有那样大的福气。

郑老汉说，二郎坎那边沾了林子好的光，都是顶天立地的冷杉，原始森林……

爹说，桦树岭的树太杂……

郑老汉邀请爹到二郎坎去，去看那不用吃草的拖拉机，看拿炸药炸山修路，看他儿子们身上的新工作服。

爹跟郑老汉喝了二两又要了二两，最后还添了二两，爹站起身的时候，脚底下直拌蒜，说话也有点大舌头，几乎把墙角的背篓忘了。酒足饭饱的爷俩又在街市上转了半天，买了些爹认为是很重要的东西，往回走的时候太阳离黄桐梁的梁顶只有半竿子高了。爹决定从豹子沟斜插过去，虽然要上沟下沟，但是能省一多半路，等不到天黑就到家了。

这条路二福和张建社们也走过，挺熟。

回来是二福走在前面，爹趔趔趄趄地跟在后面，爹一步三滑，走得很没速度。二福和爹下到沟底，天就阴了，天空开始飞起了小雪花，渐而变作了小冰粒，敲击得山间草木刷刷作响。二福和爹顺着小溪走，隐约的路一年年被落叶覆盖，踏上去松软舒适，石头上的青苔很厚，毛茸茸的，改变了石的尖利面貌。有棵核桃树被熊猫抓过，还啃了块树皮，白花花的，惨不忍睹。溪水边，有豹子的粪便，粪便苍白坚硬，是食肉类特有的标志。再往前走，有座晃晃悠悠的小吊桥，过了桥爬坡，顺梁顶走不远就到家了。

爹在二福身后呼哧呼哧地喘着粗气，过桥的时候，本来就不稳的爹差点儿没从桥上摔下去，二福牵着爹，把爹一步一步引过桥。林子里越发暗了，一阵风起，把漫天的雪搅得乱七八糟，雪粒拍在脸上，生疼。二福下意识地觉得这风来得突然，来得没有由头，他的后背渗出一股冷汗，腿也开始发软了。二福有过这种感觉，二福对这种感觉不陌生。他觉察那个东西就在附近了，就在不远的地方窥视着他。

二福想拉稀。

爹一不留神，撞在二福的身上，爹问二福为什么不走了，二福几乎是耳语般地对爹说，大福来了。

爹的酒一下醒了大半，爹仔细地朝四周环视，用鼻子使劲地嗅，二福看见爹的脑门上浸出了汗珠。半天，爹松了一口气，告诉二福说不是大福，是林子里那头黑豹子。二福说就是大福，没错，他知道。爹说黑豹闻到了背篓里的肠子味，从他们一下沟就在后头偷偷跟着，已经跟了三里地了。爹一边埋怨二福没把肉和肠子包严一边推着他往前走，二福奇怪爹醉成那样怎么知道豹子跟着，爹说他是人醉心不醉，林子里，连小黄鼬探头也没逃过他的眼睛。爹为了证实自己的判断，冲着坡下喊：回去，别跟着啦，没你的份儿！

拥过来一阵山风。

二福打了个寒战。

二福和爹继续往上走，不知不觉中，两个人都加快了脚步。二福说爹应该把枪带上，爹说赶集还背着枪，让风草坪的人笑话。

攀上梁顶，植被相应较稀，在一块湿地上，清晰地印着几个巨大的梅花脚印。那脚印辐射出威严与杀机，让人触目惊心。爹蹲下来，用手量那爪印，一句话不说。二福想，爹其实什么都知道，所谓黑豹的话，是爹用来安慰他的，爹是怕再吓着他。

五

小学校提前放寒假了，没有规定开学日期。

一切均由大福引起。爹给公社，公社给县里打了报告：后沟、桦树岭、三官庙地区发现华南虎脚印，据观察，是一只体重两百公斤左右的成年虎，有可能是从二郎坎那边过来的。

正月十五过后没两天，破碾子的猎户施长乐来向爹报告：老虎吃人了。

爹问把谁吃了，长乐说他也不知道，反正是吃了人了。

爹二话没说，抄起猎枪叫上两个民兵就直奔破碾子。黑子好热闹，没心没肺，也跟了去。狗仗人势，黑子很知道这点。

破碾子这个地方接近秦岭大梁，过去是傥骆道上南来北往的一个重要驿站，民国闹土匪，汉中土匪王三春在这里一夜间杀了一百零三口人，尸骨就撂在村后，血顺着坡往下流，一条水都染红了。活着的纷纷逃离，远走他乡，这个地方就废了，墙倒屋塌，一片凄凉。后来也有讨饭逃荒的顺着古道从北边过来，在废墟上盘桓个三五日，便匆匆离去。此地留不住人，人们都说破碾子阴气太重，那被杀的百余口冤魂不散，为的是到今天也没报仇雪恨。

去年放暑假，二福和张建社们为探险去过破碾子，也没见着什么冤魂，只看见一些布满苔藓的断壁残垣和倒卧在草中的石碑。二福们的文化水平都很有限，碑上的字一个也不认得，还是王成有学问，认出了一个大大的“官”字。几个人在石碑上坐了半天，都说没意思，还不如到风草坪的街上去听庞瞎子唱曲。二福那次从破碾子回来身上起了大片大片的红疙瘩，痛痒难忍。爹说那叫鬼风疙瘩，娘说是让贼风吹的，山口的风硬，跟鬼不鬼的没得关系。打那以后，二福们再也没上破碾子去过。

这回爹到破碾子去了，还带着枪，看来大福凶多吉少了。

整整一个白天，二福都不知是怎么过的。

天黑的时候爹才回来，爹对娘说，大家伙胃口不小，把个人嚼得连骨头渣也没留下。爹在饭桌上一直说破碾子那边的事，看来这件事对爹的触动非常大。据爹描述，破碾子东边有座半塌了的土房，后边和右边的山墙早没了，只剩下正面破败的门窗。屋里靠西有炕，也塌了大半边。爹去的时候，看见地上有灰烬，有人在这儿烤过火，炕上的破棉絮已经被撕得不成样子，这里那里散落着衣服的碎片，屋外的雪地上有搏斗过的痕迹，人的脚印，虎的脚印乱成一片，接近树林有人的血迹和毛发……

娘听得浑身起鸡皮疙瘩，娘说，咱家的约克夏没事吧？

爹说，你就知道猪，山里出了人命关天的大事得向公社汇报，明天他还得上风草坪。

娘说不知被老虎吃了的是谁。爹说看衣裳碎片，补丁摞补丁，八成是北边过来的逃荒的。娘说甭管是谁，总是可怜，又说还是二福命大，从大家伙眼皮底下捡了一条命，难怪孩子吓成那样。爹说大家伙不除，小学校不能上课，谁家的孩子有个闪失他这个当队长的都无法交代。

老虎吃人的事很快就在各山村传开了，一到晚上，家家紧闭门户，原本山里人迹罕至的路就更少有人走了，非得出门，也是三五人结伴，拿着家伙，一路上提心吊胆地相跟着，就跟《水浒传》里景阳冈上的老百姓似的。

娘把猪圈又加高了三根木栏，比二福还高出半头。爹说娘是瞎掰，说再怎么厉害老虎还是怕人，它不会到农家来，它有它自己的活动范围，不是胡跑的。

娘说，不来最好，万一它要是来了呢……

爹说不会来，真来了黑子也不会答应的。

二福认为爹对黑子抱的期望太大，对黑子太不了解，但他也不想把这说穿了，自家的狗，还是留点面子吧，将来让爹自己认识黑子最好。这时的黑子正带着一嘴的泔水往爹的裤腿上蹭，它刚从猪圈里出来。

后沟花玲家的牛让大福把半个身子啃没了。花玲爷爷提着牛铃来找二福爹告状，让二福爹想办法。

爹说，你找我，我有什么办法？

花玲爷爷说，你是队长，你没办法谁有办法。

三官庙的何二富也来找爹，说他家的羊没了，壮壮实实的一只大羊，一个晚上，连声响也没有，就没了。

爹说，你怎知道就是它吃了？

何二富说，除了它还有谁！

花家的牛，何家的羊，李家的猪，张家的鸡，许许多多的账都算在了大福头上，抛开山里的野物不算，大福的食量也真是大，它头几天刚吃了半头牛，接着又吞下一只羊……

没过多久，大福就到二福家串门来了。

那天，爹到公社去开三干会了，三干会是公社、大队、村三级干部会，爹那天开的会很重要，是“四清”进村的会，说是要派工作组……那天到天黑爹还没回来。

娘觉着不舒服，连猪也没喂就上了炕，娘摸着隆得高高的肚子说大概就是今天晚上的事了，她让二福睡得灵醒一点，万一有什么情况到坡底下喊四女她奶。娘又骂爹，说爹死外头了，开那没完没了的卵会，屁不顶的，家也不要了。娘让二福记住，将来当什么也不要当干部……

二福让娘放心，说打死他，他也不当干部。

下半夜的时候二福醒了，他听见娘在哼哼，他问娘要不要叫四女她奶，娘说时候还早，天亮再说吧。娘的话音刚落，就听得外面咚的一声响，一个很重的声音落在猪圈里，娘怔了一下，赶紧坐起来，撩开被子说，二福快起来，大家伙来了！二福直往被里缩。

娘到底是娘，娘顺手抄起了顶门棍，哐地踢开后门，大喝一声就出去了。二福看见娘的身子在淌血，一种男人的责任，一种儿子必须的表现，使得二福在屋里呆不住了，他光着身子蹿到了后院，看到圈门扣得好好的，大肥猪却不见了，大福硬是把一头活猪从栏上叼出去了，这个大福能耐大得很呢。

猪是娘的命根子，娘心疼她的猪，喊叫着，不管不顾地追下去了。二福担心他的娘，紧跟在娘后头往下追。娘俩追过屋后新耕的包谷地，绕过积水的塘，沿着林子边沿的小径，一路狂喊，完全把自家的生命置之度外了。

大福在前头拖着猪走得飞快，猪的后脖颈被衔在虎嘴里，竟然连吭也不吭一声。大福走得很从容，它不时地回头望望追赶它的母子俩，有时还要停下来选择一下路线，以便让它的猎物更好通过，但无论怎样，它绝没有放弃的意思。

二福和娘已经精疲力竭了，他们和大福的距离越拉越大……

爹开了大半夜的会，天亮才赶回桦树岭。见了晨曦中熟识的屋，爹将手里的松香火把熄了，一种到家的轻松使他感到快乐，他冲着房子嗨嗨吆喝了几声。

黑子狂吠着箭一样向家冲去，黑子的反常举动让爹不安，爹琢磨着梁顶的家，很快便觉出了蹊跷，瓦间冒出的炊烟呢，门口那群闹哄哄的鸡呢，老婆那进进出出的身影呢……

家静谧得可怕。

爹快步奔到自家门前，一推门，反扣着，喊了半天二福也没人应，爹急得连语声也变了。黑子在屋后叫，爹才想起什么，赶到屋后，却见后门大开，圈里的猪不见了，院里脚印凌乱，有人的，有虎的，还有片片血迹，顺着脚印，爹看见松软的地里，妻子的、儿子的脚印和虎的交叉在一起，直奔山梁那边去了。爹用手指沾了一下地上的血，捻了捻，确认是人的血，爹大叫一声，追了几步又回身朝公社方向跑。

六

桦树岭一下失踪了两个人，老虎已经闹到了这种程度，了得！

当下公社就组织来光义、来光民等六名基干民兵，带了两支步枪，一支手枪，跟着二福爹以最快速度奔桦树岭而来。

二福爹复仇心切，将民兵们远远地抛在后面，一人独独朝前赶。民兵们不说话，谁都知道，就是赶得再快，那娘俩怕也没命了。妇女儿童和老虎打斗，永远是输家，何况那个妇女还是个即将临盆的孕妇。

走过几个坡坎，没有发现老虎踪迹，一行人又沿着山脊往西，这样视野更开阔，便于观察到两侧山坡的情况。南面坡是茂密的树林，北面坡是乱石杂木和荒草。爹让大家把注意力多放在北坡，说老虎喜向阳荒坡不喜阴暗的林子。大家就朝北坡看，一棵草，一块石也不放过。

还是黑子最先发现了异常，原本跑在前面的黑子突然折身回来，在爹的两腿间盘来绕去，一步也不往前走了。

爹低声说，有情况！

民兵们都是训练有素的，不是乌合之众，几个人各抱地势，就地找大石头趴了。很快他们在五十米外的草间发现了大福，吃饱了的大福猫儿一样，很惬意地盘作一团，前爪捂着嘴，晒着太阳睡得正香。

程德才说，哪里是老虎，整个是只大猫么。

二福爹哪里管什么大猫不大猫，端起猎枪就要开火。程德才把他拦了，程德才说，这大家伙不是好惹的，一枪打不死，激起它的性子来咱们谁也别想囫囵着回去，需要设计个方案才好。

几个人就在石头后面商量方案，最终的结果是，手枪和猎枪射程有限，近距离射击，以保存实力，两支步枪率先同时开火，其余人持好棍棒，做好武松打虎的准备。

老虎安然地睡着，它要知道这么多人费了这大心机，一定会为自己大大地骄傲一番了。

步枪由来光民和程德才掌握，两个人都是神枪手，在县民兵比武会上拿过红旗。选择这两个人发动进攻，从哪方面说都是万无一失的。五十米的距离，对他们是小菜一碟，他们练的是二百米硬功夫。

二福爹说，我喊“预备齐”，你们俩要同时开枪，只能成功，不能失败。

两个人说好。

两支枪口瞄准了熟睡的大福。

二福爹问，准备好了没有？

两个人说，准备好了。

二福爹说，预备——齐！

程德才的枪响了，来光民的卡了壳。

不愧是神枪手，程德才是瞄着老虎脑袋打的，他那一枪正击中大福。出乎人们意料之外的是，大福是猫科动物，猫们睡觉有自己的固定姿势，它那巨大爪子将半个脑袋遮严，所以程德才的一枪刚好打在它的前爪上。

大福呼地一下站起来了，抡着前爪，吼叫着。不知发生了什么。那吼声真真是地动山摇了，沉闷、深远、愤怒、悲怆，强大的震慑力使山鸟惊飞，树叶飘落，整座山林悚然战抖。神枪手们的枪法乱了，他们在比武会上打的是黑白靶子，哪里碰到过这活灵活现的东西。

大福恼了，性发起来，它愤怒地一转身，又一转身，尾巴有力地一扫，又一扫，荒草一片片倒下，一棵灌木被齐刷刷截断，一时周围尘烟四起，乱石翻滚。大福直立起来扑下去，直立起来扑下去，如此反复，爪的疼痛使它难以忍受，很快它发现了石头后这一群人，大福咆哮着，毫不犹豫地向着石头扑过来。

石头后的人乱了方寸，情况危急，程德才嘶着声喊，开火！开火！一齐开火！

乱枪齐射，直冲着大福，大福一个踉跄，在半坡停顿了一下，在那刻的停顿中，人们清楚地看到了大福那双清纯的，不解的，满是迷茫的眼睛。用后来记者报道的原话说，那目光“一直留在了他们心里……来光义，他一定会深深地懊悔……”被击中的大福放弃了进攻，转身向东撤退，它已经跑不动了，它艰难地退着，退着。

来光义的一枪，击中了它的额头，大福失去控制，发出最后一声长啸，哗地向着沟底滑去。

凄厉痛苦的吼声震撼着猎杀者的心灵，石头后的人许久都没有动弹，他们显得十分无力，没有胜利者的喜悦，更没有复仇的快感，他们的头脑是一片空白。是上苍注定了他们几个要听到大福这一声最后告别吗，他们的子孙后代，后代的后代，永远永远地听不到这种声音了，听不到了……

一个小时过去了，二福爹说，也不能老在这儿躲着啊。

来光民说，也不知死了没有。

几个人从石头后面小心地探出身子，你推我，我拥你地站在坡顶往下头看，大福滑过的地方压倒了一溜灌木，形成了一道深深的巷子。沟底树木很多，没有声息，什么也看不见。程德才组织大家往下扔石头，又扔木头，稀里哗啦丢下去不少东西，下面仍是一片静。

大家坐在上头等，等什么，谁也说不出。

又一个小时过去，程德才说，得下去看看。

大家你看我，我看你，没有谁自告奋勇。

二福爹说，让黑子下去，黑子胆大，有豹的种。

黑子没想到爹会出这么一个馊主意，它是不会下的，它站在大福压出的巷子口，任爹怎么轰，就是不挪窝。爹火了，爹让程德才和他一人抓着黑子的两条腿，一二三地往沟底扔。

黑子惨叫着，声音非常难听，它是不会骂，它要会骂，非把爹骂个狗血淋头。悠了几下，黑子被扔了出去，黑子在半空划了一个优美的弧，随着那凄厉绝望的叫声落向沟底。

人们都朝沟底望，希望下头传来黑子的信息。还没等两个扔狗的缓过气儿来，黑子已经从几米外的地方爬上来了，上来的黑子连看也不看这边，调头就跑了，它看透了这些人。

黑子与二福爹有了永远的隔膜，一直到彼此的离世，这隔膜也没有缓解。

一行人下到沟底，他们看见大福躺在两块石头中间，身子伸得长长的，眼睛闭着像在睡一个舒展的觉。三十几年后有记者在《西安晚报》发表了一篇名为“秦岭最后一只华南虎被杀始末”的文章，描述最后的情况说：“老虎满面血迹，怒目圆睁，蹲伏的姿势一动不动……来光义他们怎么也高兴不起来，老虎那死而不倒的身影和那满含遗恨的目光，一直留在他们心里。”二福跟我谈到这篇报道时说，这里面有记者的感情色彩在其中，理想化的成分也很大，如果拍电视，这样的表现效果当然很好，有象征意义，而事实的结果是那老虎死了，躺在沟底的石头间，死了。

我相信二福的说法，我也理解那位记者。

老虎被抬到了二福家，搁在屋外的空地上。二福蹲在旁边用手摩挲它那已不成样子的皮毛和柔软的肢体。大福的身体还有余温，二福想，这就是大福，他的大哥……

大哥死了，大哥死得真惨。大哥有错么？大哥没错，大哥也得吃饭哪！

屋里传来婴儿的哭声，原来娘和他追到山梁，发现了大福吃剩下的两条猪腿，娘俩把猪腿抬回来，还没走到家，娘就生了，娘为他生了一对双胞胎兄弟，他们家从此有了三福、四福。

爹在凤草坪买的花布没用了。

七

以下这段文字应该是大福的后事了，可以不写，但我觉得给读者还是有个交代才完整，尽管写起来不是很愉快。

第二天大福就被吊在二福家的房檐下，由霍屠户亲手操刀，二福爹打下手，准备剥皮、开膛了。远近的乡亲都来了，连凤草坪、厚畛子那边也有人过来看稀罕。

大福的身子拉得老长，四个爪，无力地垂着。

在公社书记的主持下，文书很庄严地记录着：

……雄性，体重 225 公斤，体长 2 米，尾长 0.9 米……

好大的大家伙！

人们惊叹着，感慨着，称赞着。

霍屠户剥过无数猪，这是第一次剥老虎，虽说是死的，虎势依旧压人。霍屠户拿刀的手有些战，他想了想，拿一碗酒在老虎前头奠了，嘀嘀咕咕不知说了些什么。

皮由虎嘴剥起，沿胸划开，不到一顿饭工夫一张完整的虎皮就剥下来了。

人们站在旁边，围成半个圈，静静地看，没人说话，也没人咳嗽，有风在呜呜地吹，吹得人心里有些涩……

霍屠户的刀从老虎的下颔插进，有血流出，四女的奶奶用个小碟接了，恭敬地端进屋去，沾着血在三福、四福的脑门上抹了一个大大的“王”字。两个顶着一脑袋血迹的小家伙踢腾着腿，开始哇哇大哭，四女奶奶说，好好长，顺顺当当的。你们的大哥护着你们哩。

院里，大福的肚子已被破开，众人忽地一下围上来，都沾那血，都往身上抹，都要沾大福的光。公社书记让大家站远些，以保护屠户和二福爹的工作环境。书记说，老虎是国家财产，一切处置应该由国家说了算，当然作为地方一级政府机构，他也会照顾到老百姓利益，不会让大家吃亏。

大福的肠肚被拽出，散扔在地上，沾了不少土。二福爹将那个有小孩子脑袋大的绿色苦胆特别剔出，很小心地搁在身边的石头上。

很快，巨大的大福就变作了一堆堆皮毛、骨架和红彤彤的肉。

肉和内脏分给附近庄户，凡是受过大福侵扰的，每户多分三斤油；虎骨卖给药材收购站，收购站以每斤虎骨 48 元收购，刨去头，大福的骨头一共是 49 斤，2352 块钱……

大家高高兴兴地提着大福的肉回家了，待人散尽，爹才想起了他搁在石头上的虎胆，回头去找，胆已不见踪影。爹对二福说无论是肉还是油他都不在乎，他只要这个胆，英雄虎胆，这物件是老虎身上最贵重的东西，不是谁轻易得得着的。听爹这一说，二福赶紧帮着爹去找胆。

二福和张建社在屋门后头看见黑子在龇牙咧嘴地咬什么东西，一张狗脸也被染成了绿色，两个人从黑子嘴里夺下来一看，就是那个胆，已经吃得只剩下了一块皮。爹气得要打黑子，黑子一蹦多高，跟爹在院子里兜开了圈子。

爹说，吃老虎胆，你个狗东西，了得！

黑子毫不示弱地冲着爹汪汪汪。

二福想，任什么物件的苦胆都不会好吃，黑子能咬牙切齿地吞下大福的胆，看来它是诚心跟爹作对，诚心气爹了。

二福觉着爹活该。

老虎的肉并不好吃，我后来到桦树岭那一带去还有人告诉我说，老虎肉远没有野猪的肉香，发酸。我见到过一个在凤草坪搞“调查”的王干部，他说那年他们在公社开会常常开到半夜，肚子饿了就下挂面吃，没有佐料，就挖一块老虎油。那油黄亮黄亮的，吃在嘴里无味也无香。那油的火力很大，一边吃你一边得脱棉袄。

我问过二福，二福说他既没吃过老虎肉也没喝过老虎油。

那张虎皮，后来被动物研究所要去，做成标本展览了。谁看了谁都会说，这是秦岭里的最后一只老虎。

没人知道它叫大福。

梅妞放羊

◎刘庆邦

太阳升起来，草叶上的露珠落下去，梅妞该去放羊了。梅妞家的羊只有一只，是只白白净净的水羊。他们这里不把母羊叫母羊，叫水羊。水羊拴在石榴树爬出地面的树根上，梅妞刚去解绳子，水羊像是得到信号，就直着脖子往外挣，把绳扣儿拉得很紧。一个水羊家，不能这样性子急！梅妞不高兴了，停止解绳扣儿，对水羊说："你挣吧，我不管你，看你能跑到天边去！"

水羊挨了吵，果然不挣了，把绳子放松下来。水羊还自我解嘲似的低头往地上找，找到一根干草茎，用两片嘴唇拣起来，一点一点地吃。梅妞认为这还差不多，遂解开绳子，牵着羊往院子大门口去了。一群绒团团的小炕鸡跑过来，像是一致要求梅妞姐姐把它们也带上，它们也想到外面去玩耍。梅妞嫌它们还小，不会躲避饿老雕，扬着胳膊把它们撵回去了。小炕鸡们仰着小脑袋细叫成一片，似乎对梅妞只跟水羊好不跟它们好的做法有意见。

梅妞手上牵着羊，胳膊上还挎着荆条筐，筐里放着一把镰刀和一只掉了手把儿的大茶缸。这就是说，梅妞把羊的肚子放饱还不算，还要顺便割回一筐草，镰刀就是割草用的。那，大茶缸是干什么用的呢？拿它到河边舀水喝吗？茶缸太破旧了，不光掉了把儿，漆皮也几乎脱落尽了，露出锈迹斑斑的内胎。没关系，大茶缸是用来盛羊粪蛋儿的。羊吃了草，就会拉羊粪，爹要梅妞把羊粪拣回来，说羊粪是好肥料，上到豆角地里，豆角结得长；上到韭菜地里，韭菜叶长得宽。梅妞听话，每天都拣回半茶缸到一茶缸粒粒饱满的羊粪蛋儿。

梅妞放羊是在村南的河坡里，那里的草长得旺，长得嫩，种类也多。她牵着羊登上高高的河堤往下一看，就高兴得直发愁：满坡青草满地花，俺家的羊哪能吃得赢呢，这不是成心要撑俺家的羊吗！她对羊说："羊，羊，吃草归吃草，不许吃撑着，吃撑了肚子疼。"羊拐过头看看她，像是把她的话听懂了。羊开始吃草，她也低着头在草丛里找吃的，她找的是野花的小花苞。有一种花的花苞，看去像个小绿球，剥去那层绿衣，鹅黄的花蛋蛋就露出来了。花蛋蛋刚放进嘴里有些苦吟吟的，一嚼香味就浓了。她把这种花苞叫成蛋黄。还有一种花的花苞是细长的，里面的花胎呈乳白色，吃起来绵甜绵甜。她把这种花苞叫成面筋。吃罢"蛋黄"和"面筋"，就该吃"甘蔗"和"蜜蜜罐儿"了，她想吃什么就有什么。

梅妞看见，她家的羊光吃草不吃花，红花不吃，黄花、蓝花也不吃，一吃到有花朵的地方，羊的嘴就绕过去了。羊的牙齿很快，大概比剪苹果枝用的大剪刀还快，羊嘴经过之处，参差不齐的青草就被"修理"平了。而草平下去之后，那些剩下的各色花朵儿等于被高举起来，在微风吹拂下轻轻颤动，格外显眼。梅妞不明白羊为什么不吃花，难道这只羊是一个爱花的人托生的，一见到花就嘴下留情了？她采了一朵小白花，送到羊的嘴边，要试试这只羊到底吃花不吃花。

她说：“羊，这花甜丝丝的，很好吃，你尝尝吧！”羊用鼻子嗅了嗅，没有尝花，接着吃草。梅妞又采了一朵紫花送到羊嘴边，羊还是不吃。梅妞心里不觉沉了一下，看来这只羊的前生真是一个爱花的人。再看羊时，梅妞的感觉大不一样，她看羊的眼睛，越看越像人的眼睛。羊的眼圈湿润，眼珠有点发黄。羊的眼神老是那么平平静静，温温柔柔。看来任何人的眼睛也比不上羊的眼睛漂亮，和善。

太阳往头顶走，梅妞的草筐装满了，羊也差不多吃饱了。阳光暖洋洋的，晒得梅妞和羊都有些慵懒，梅妞想躺在地上睡一觉。可她对自己说，不许睡觉，要是睡着了，羊被人牵走怎么办。她把羊绳拴在装满青草的筐系子上，自己也趴在草筐上。似睡非睡之间，她开始唱歌。她没学过唱歌，所唱的歌都是自己随口瞎编的，看见什么就编什么。比如她这会儿看见的是羊，就拿羊做唱词。她唱的是：羊呀，你的亲娘在哪里呀？你的亲娘不要你了，你是个没娘的孩子啊！她看见羊的眼圈比刚才还湿，接着唱道：羊呀，没有亲娘不要紧呀，没人要你我要你，我来当你的亲娘吧……

草筐突然倒了，梅妞往前一磕，差点也倒了，睡意蒙眬的梅妞吓了一惊，她第一个反应是有人要夺她的羊，谁？她跳起来一看，大河坡里静悄悄的，连个人影也没有。远处一座废砖窑，窑顶有几缕白云。近处有一孔石桥，桥下的流水一明一明地放光。不用说，草筐是被羊拉倒的，羊大概渴了，要到水边去喝水。

梅妞说：“羊，你吓我一跳。想喝水不会说吗？你的嘴呢，哑巴啦？我打你！”梅妞说了打羊，只是说说而已，她才舍不得动羊一指头呢，因为羊身上怀有羔儿，水羊是爹从三月三庙会上买回来的，爹把羊一领回家，就交给梅妞了，说羊肚子里有羔儿，千万别碰着羊的肚子，也别让羊跑得太快。爹给梅妞许了一个愿，等羊生下羔子，等羔子长大卖了钱，过年时就给梅妞截块花布，做件花棉袄。梅妞长这么大从没穿过花棉袄，每年穿的都是黑粗布棉袄。她做梦都想穿花棉袄。羊羔儿是梅妞的希望，花棉袄是梅妞的念想，梅妞把希望和念想都寄托在羊肚子上了。

河里的水不是很深，有些泛白，岸边长着一丛丛紫红的芦苇。梅妞分开芦苇，把羊牵到水边去了，让羊喝水。羊一站到水边，水里就映出羊的影子。水边的羊低头喝水，水里的羊也低头喝水。它们不像是喝水，像是要亲一个嘴；嘴一亲到，羊影子就被圈圈涟漪弄模糊了。喝完了水，羊没有马上离开的意思，而是饶有兴致似的往河里看。河里长着不少水草，有花叶的，也有圆叶的。水草上趴着一些年轻的青蛙，在格哇格哇乱叫。有的不光叫，还跳来跳去互相追逐，搞得水面很热闹。梅妞看见一只胖青蛙背上驮着一只精干的瘦青蛙，两只青蛙的尾部紧紧贴在一起。她知道青蛙在干什么，觉得这样不太好，大白天的，干什么呀！她弯腰拣起一块土坷垃，朝那对青蛙投去。她没投中青蛙，只激起一些水花。水花落在那对青蛙身上，它们竟然不受影响，只把鼓着的眼睛稍稍闭了一下，继续做它们的事。梅妞又抓了一把散土，向那两个旁若无人的家伙撒去，散土撒开一大片，把那对青蛙打中了，它们腿一弹，往水里潜去。潜水时，它们一驮一，仍不分开。刚潜了一会儿，两个闪着水光的小脑袋就从水里冒出来了，似乎比刚才贴得还紧。梅妞骂了青蛙一句不要脸，对羊说："走，咱不看！"牵着羊离开了。

梅妞把耳朵靠在羊肚子上，想听听羊羔儿有没有动静。羊的肚子往两边鼓着，显得很突出，可里面一点声音也没有。她想，小羊羔儿可能还在闭着眼睡觉，还没有睡醒。

在此后的日子里，梅妞每天都像听诊一样听水羊的肚子。终于有一天，梅妞觉出羊肚子里面动了一下，动作不大，就那么缓缓的，大概是羊羔翻了一个身，或伸了一个懒腰。梅妞很欣喜，对羊说："羊，羊，你的孩子动了，你觉到了吗？"

羊咩叫了一声，仿佛在说，它早就知道了。

梅妞还注意到了水羊的奶子，那只奶子一天比一天饱满，一天比一天往下坠，像瓜架上结的一个大吊瓜。"吊瓜"大概已开始储存汁水，看上去沉甸甸的。梅妞不知羊嫌不嫌沉，她替羊有点嫌沉。由于羊的奶子太膨大，挨到了两条后腿，羊一迈步，腿帮子就把奶子蹭得往前悠动一下。梅妞不知羊嫌不嫌碍事，她替羊有点嫌碍事。最好看的是羊奶子下面长的两个奶穗子，奶穗子圆圆的，长长的，颜色有些发粉，上面长着一些极细的绒毛，让人一见就禁不住想伸手摸一下。梅妞好几次想摸，都没摸。水羊还没生过孩子，一定很害臊，很护痒，不愿意让别人碰它的奶穗子。有一天，梅妞忍不住，到底把羊的奶穗子摸到了。和她猜想的一样，羊不愿让她摸奶，她刚摸了一下，水羊就抬起蹄子，三弹两弹把她的手弹开了。水羊很不客气，有一蹄子弹在她的手背上，把手背弹破了一块油皮。梅妞没有恼，从地上捏起一点土面面敷在破皮处就拉倒了。她能谅解羊，是因为她身上也有奶子，她的奶子也发育得鼓堆堆的了，别人甭说动她的奶子，就是看一眼她也不让。将心比心，人和羊都是一样的。

南风带了熏气，大麦黄芒，小麦也快了。梅妞掐两穗小麦，在手里揉揉，吹去糠皮，白胖带青的麦粒子就留在手心里了。她很喜欢吃这样的新麦，一嚼满口清香。现在她把口水咽下去，先喂她家的羊。水羊快要做母亲了，需要增加营养。羊母亲营养好了，生下的羊羔儿就壮实，奶水就充足。羊在她手心里吃麦时，两片颤动的嘴唇拱得她手心发痒，她不由地嚷："哎呀，痒！痒！"既然怕痒，就别让羊在手心里吃了，可她下次揉好的麦，还是让羊在手心里舔，她还是嚷痒。

羊下羔儿是在一天早上。那天早上天气很好，桐树上喜鹊叫，椿树上黄鹂子叫，院子里鸟语花香，喜气洋洋。爹在院子里扫地，娘在灶屋里做饭。梅妞也起来了，对着窗台上的镜子梳头。梅妞听见羊叫了一声，叫的声音很大，不似往日。她往窗外一看，见羊已躺倒在地上。她以为羊生病了，刚要跑出去看究竟，见爹已过去了，娘也从灶屋跑出来了。爹对娘说，羊要下羔儿了，要梅妞她娘赶快去熬一锅小米汤给羊喝。当地有规矩，羊下羔儿，猪生崽儿，未出嫁的闺女是不许看的。梅妞知道规矩，不出去看。羊的叫声越来越大，简直有些凄厉。梅妞隔着窗棂看见，羊每叫一声，屁股就往上抬一下。她知道，一定是羊疼得受不了才这样叫法。她很替羊担心，胸口怦怦乱跳。她不敢再往窗外看，手捂胸口退回到床边坐着。邻居二婶生小孩儿时就叫得很厉害，可把二婶的婆婆慌坏了，一个劲地烧香念佛。二婶把孩子生下来后就不叫了。梅妞相信她家的羊会跟二婶一样，叫一会儿就能把孩子生下来。她在心里默默地替羊念话，孩子孩子疼你娘，羊羔儿羊羔儿快出来……念着念着，不知为何，她鼻子酸了一下，眼圈儿也红了。

等水羊把羊羔儿全都生出来后，爹才喊梅妞出去看。爹的声调透着高兴，说："梅妞，咱家的羊生羔子了，生的是龙凤胎，一只小水羊，一只小骚胡，你快来看!"

梅妞出去一看，水羊已站起来了。水羊又恢复了平静，目光里充满温爱。她几乎不敢相信刚才那骇人的叫声是水羊发出来的。两个小羊羔儿也站起来了，它们的蹄甲子似乎很软，腿也很软，摇摇晃晃，老也站不稳，像两个小醉汉。说它们像醉汉，其实它们一点也不醉，小家伙能着呢，刚睁开眼就知道找奶吃，就摇晃着奔奶子去了。羊母亲没让它们马上吃奶，先舔它们身上黏黏的羊水，再舔它们的背，舔它们的小耳朵，舔它们的眼睛，全身无处不舔到。小家伙似乎有点不耐烦，想往母亲身子下面躲。羊母亲毫不放松，舌头追着它们舔。羊母亲舔得很负责，很用力，舔过之处，羊羔儿身上的毛就丝丝缕缕支乍起来，有了羊的模样。梅妞很想摸一摸小羊羔儿，小羊羔儿身上一定很柔软，很好玩。她蹲下身子，把手伸了一下，又缩回来了。她的手又粗又硬，怕把小羊羔摸疼了。她看见羊母亲也不愿意让她摸它的宝贝儿，目光警惕的样子，她刚把手伸出去，羊母亲的嘴就巧妙地阻止了她，羊母亲装作很友好地嗅她的手，其实是在保护自己的羔子。

两个小家伙也算机灵，羊母亲的注意力稍有转移，它们就趁机钻到母亲肚子下面，分别叼到一只奶头吃起来。它们天生很会吃，把整个奶头都含在嘴里，仰着小脸，吃得又香又甜。吃着吃着，它们用嘴和额头往奶上顶两下，再接着吃。它们顶得很猛，很用力，把看去硬邦邦的大奶顶得有些变形。顶过之后，小羊羔儿吃得咕噔咕噔的，两边的嘴角盈着白浆浆的奶汁子。梅妞对小羊羔儿这样的做派有些看不惯，吃奶就该好好吃奶，瞎顶什么！她嫌小羊羔儿太调皮了，对母亲也不够心疼。不知为何，小羊羔儿每顶一下奶，她似乎觉得自己身体某处也被顶了一下，并隐隐地有些痛。奇怪的是，水羊安之若素，好像一点不反对两个孩子顶它的奶。梅妞对水羊这样娇惯孩子也保留了自己的看法。

梅妞的队伍壮大了，再下地放羊，她身后由一只羊变成三只羊。为了便于称呼，她给两只小羊起了名字，小水羊叫皇姑，小骚胡叫驸马。她说皇姑你来，驸马你去，一副统领三军的气派。皇姑和驸马到了遍地青草的河坡里，对草一点也不稀罕，只是贪玩，撒欢儿；它们撒起欢儿来四蹄腾空，外带空中转体，是很好看的。皇姑和驸马还跃起来抵头。它们不是真抵，别看身子立起来，小眼儿斜视着，样子挺吓人的，落地时两个羊头却没有发生碰撞，只是蹭一蹭而已。有时它们走得远些，水羊轻唤一声，它们就打着旋子跑回来了。一回到母亲身边，就迫不及待地吊在奶穗子上吃奶，仿佛刚才把吃奶的事忘记了，现在又想起来了。它们的嘴嚅动着吃得很快，顶奶顶得也很勤，驸马顶两下，皇姑也要顶两下，跟比赛一样。梅妞说："驸马，驸马，不许顶！你听见没有？"驸马不听话，她强行把驸马从水羊奶穗子上拽下来了，由于驸马叼着奶穗子不愿意松口，把奶穗子像拽橡皮筋一样拽得很长。梅妞把驸马抱起来，先摸驸马的头顶，看驸马头上长角没有，要是长了角，谁也受不了它那样顶法。还好，驸马头顶平平的，似乎还有些软，该长角的地方连一点长角的迹象都没有。驸马在梅妞怀里很不老实，向羊母亲那里挣。看样子还是要吃奶。梅妞惩罚它似的，偏不放它走，而是把一根手指头放到它嘴边去了，看它吃不吃。手指头的形状跟奶头差不多，梅妞想试试驸马能否分得清指头和奶头。驸马真是个小傻瓜，它那温嫩的嘴唇居然把梅妞的指头吮了一下。这下可不得了，一种从未有过的奇异感觉通过指头掠

难道这只羊是一个爱花的人托生的一见到花就嘴下留情？

过全身，好像骈马颤动的嘴唇吮的不是她的指头，而是把她全身都吮到了。这时梅妞产生了一个重大念头，骈马吮一下她的指头尚且如此，倘是借骈马的热嘴把她身上的奶头吮一下又该如何。这个念头一出现，她的脸忽地红透，心口也怦怦乱跳。她像是怕被人看破她的念头似的，悄悄转过头前后左右看。河坡里没有人，有太阳，还有风。风一阵大一阵小。风大的那一阵，草吹得翻白着，像满坡白花。风一过去，草又是青的。草丛里蹿出一条花蛇，曲曲连连向水边爬去。花蛇所经之处，各色蚂蚱赶快蹦走或者飞走了，引起一阵小小的动乱。蛇一入水，蚂蚱们很快恢复安静。岸上的庄稼地边有一个瓜庵子，瓜庵子大概已经废弃了，上面搭的草经风刮雨淋变得非常黑。梅妞相信，瓜庵子里也不会有人。她有些不大放心，放下骈马，到瓜庵子里看过，真的没有人。瓜庵子的地上铺着一层干高粱叶，里面散发着甜瓜的香味。她没有马上离开，在瓜庵子里呆了一会儿。她觉得这地方不错，可以做一点秘密事情，比如说，她在这里把自己的上衣解开，把奶子露出来，让小羊羔儿吃一吃，谁也不会知道。也许小羊羔儿不愿吃她的奶，她的奶没有水羊的奶大；水羊的奶里有奶水，她的奶里没有奶水，好比她的奶是一只梨子，梨子还半生不熟呢！

自从水羊生下羔子之后，就不再反对女主人梅妞摸它的奶。梅妞从瓜庵子里出来，挤出一股羊奶，用指头蘸着尝了尝，羊奶淡淡的，有一点甜，用舌尖咂咂，还有一点面，怪不得小羊羔儿吃得那么欢，奶水的味道是不赖。

这天，梅妞没有让羊羔儿吃她的奶，但这个念头再也放不下，一看见皇姑和驸马吃奶，她的念头就升起来了，升到胸前的高处不算，还往高处的顶端升，弄得她的念头越来越强烈。有一天午后，梅妞趁四下里无人，把三只羊领到瓜庵子里去了。她坐下来，把驸马抱上怀，解开上衣的扣子，把一只奶露了出来。她像喂婴儿的妇女做的那样，一只手把驸马托抱着，一只手捏着奶往驸马嘴里送奶头。她的奶头有些小，还害羞似的缩着。梅妞把奶头往外拉了拉，以便驸马能吃到。不料驸马不知趣，使劲别着脸，对小主人送到嘴前的奶连挨一下都不挨。它不吃奶，还挣扎着瞎叫唤，好像谁要害它一样。驸马一叫唤，梅妞紧张了，出了一头汗。她慌乱地把驸马的毛嘴摁在她奶上，驸马还是不张嘴。这个事情既然做了，就得做成它。梅妞想了个主意，把水羊的奶水挤出一些，聚成奶珠儿挂在自己奶头上，拿水羊的奶珠儿做诱饵，看驸马吃不吃。这个主意生效，驸马果然噙住她的奶头吃了一下。她只让驸马吃了一下，还没等驸马吃第二下，她就禁不住叫了一声，猛地把驸马推开了。那种感觉奇怪得很，说疼有点痒，说痒有点麻，说麻有点酥，连指甲盖儿都痒酥酥的、麻酥酥的，真让人有点受不了。梅妞骂了驸马："驸马，谁叫你吃人家的奶，人家还是闺女家你不知道吗？你真不要脸！"骂着驸马，她仿佛觉得真的受了委屈，眼里泪浸浸的。她把奶子收起来，用衣服大襟盖上，并系上了扣子。把奶子藏起来后，她对驸马的态度好了些，把驸马叫成乖孩子，说乖孩子吃饱了，到一边玩去吧。

过了一会儿，梅妞禁不住如法炮制，又让驸马吃她的奶。奇怪的感觉迅速传遍全身，她再次把驸马推开了。这次她骂自己："梅妞，你完了，你的奶让人家吃了，你在瓜庵子里生孩子了！"她刚觉得应该哭，眼泪就下来了。

水羊走到梅妞身边去了，轻轻嗅了嗅她的手。梅妞刚才做那一切时，水羊一声不响地看着她，既不惊讶，也不生气，目光平静得很，好像两个孩子是她们共有的，吃谁的奶都是一样。水羊这样的姿态让梅妞有些感动，她一下抱住水羊的脖子，把自己的脸贴在水羊的脸上。

皇姑大概有些失落，在一旁叫起来。皇姑的叫声使梅妞得到新的借口，她说："皇姑你不用叫，我知道你，我让驸马吃奶了，没让你吃奶，你就不满意对不对？你们俩都是我的孩子，我对谁都不偏心，来，你也吃一口。"皇姑比驸马吃得深，会吃，吃得梅妞直哎呀，直嚷我的亲娘哎。

梅妞看见，一个拾粪的男人一路低头瞅着，沿河坡过来了。梅妞立即停止她的秘密行动，领着羊从瓜庵子里走出来。她怕那个男人在她脸上看出什么秘密，就不看那个陌生男人。谁知那个男人是个多嘴的人，与梅妞和羊走碰面，他夸梅妞的羊不错呀。梅妞装作没听见，不跟他搭腔。梅妞拣的半茶缸新羊粪在地上放着，男人瞅了瞅，问梅妞拣羊粪干什么。梅妞还是不理她。那人喊梅妞“这小妮儿”，问她为什么不说话，还问她：“你拣羊屎蛋儿回家当豆子下锅吃吗？”

这回梅妞不说话不行了，她生气地说：“你们家才拿羊屎蛋儿下锅呢！”

那个男人嘻嘻笑了：“我还以为你不会说话呢，原来会说话呀！我告诉你，你可不敢骂我，你要是骂我，我就把你放倒，摸你的奶。反正这河坡里也不会有人看见。”

梅妞被陌生男人的话吓坏了，她满脸通红，衣襟下面的两只奶子有些胀疼，仿佛已被坏男人摸到了。她躲着那个男人，不敢再说一句话。倒是水羊敢说话，水羊冲拿铁锨的男人叫了一声，并且毫无惧色地看着那个男人，看样子那个男人要是敢接近她，它就会用头相抵抗。两只小羊也在水羊左右贴身站着，像两个小保镖。羊的良好表现给梅妞壮了胆，使她记起自己是有“队伍”的人，她把头发向后扬了扬，说：“羊，羊，咱们走！”

既然梅妞让两只小羊羔儿吃了她的奶，她就把小羊羔儿当成自己的孩子，对它们很亲。晚上，梅妞睡在屋里，羊们睡在院子里，小羊只要一叫，梅妞会马上爬起来到院子里看看，她怕野猫、黄鼠狼什么的吓着小羊。重新回到睡梦里，她把小羊羔儿也带到梦里去了，让小羊羔儿贴着她的身子睡，一边是驸马，一边是皇姑。梅妞摸着它们背上光光的，小屁股滑溜溜的，怎么不见它们身上的毛呢？梅妞似乎想起来了，她搂的不是小羊，是小人儿。这两个小人儿是她亲生的，一个是男小人儿，一个是女小人儿，她还分别给他们起了名字，一个叫驸马，一个叫皇姑。生了小人儿，就得给小人儿喂奶，她把两个奶作了分配，驸马和皇姑每人一个，谁也不准抢别人的。她还对皇姑和驸马说，你们是人，不是羊，吃奶时好好的，不许乱顶，谁乱顶我就揍谁的屁股。驸马和皇姑调皮，不听说，刚吃两口就开顶，比小羊羔儿吃奶顶得还来劲。梅妞生气了，把奶头从他们嘴里摘出来，以家长般的严厉口气把驸马和皇姑教导了一通。她教导得声音有些大，把娘给惊醒了，娘轻轻地喊她，问她做梦听什么戏呢？又是皇姑又是驸马的。梅妞醒过来，知道自己的梦话被娘听去了，羞得双手捂胸，不敢出声。娘问她听的什么戏，什么戏呢？反正是戏台上的戏，不是放羊的戏。

有一天，梅妞放羊走得离村远了些。几声雷鸣，黑云陡暗，眼看要下一场大雨。如果这时回村，中途一定会浇在雨地里。她自己不怕雨浇，小羊怕雨浇，要是大雨把小羊浇病就不好了。她当机立断，赶紧把羊领到附近那个废砖窑里去了。他们前脚刚躲进砖窑的门洞，大雨后脚就追来了。那雨真大呀，大得好像天塌了，地陷了，没了天，也没了地，光剩下水。拱形的门洞上方，雨水大块大块往下掉。敞着口子的砖窑也呼呼地往里面灌水。浑浊的水汤子霎时就把梅妞的双脚埋住了，盛羊粪蛋的茶缸子像小船一样被漂得直打转。梅妞把两只小羊抱起来，紧紧抱在怀里。她觉出来了，两只小羊的心脏在咚咚地跳，它们是害怕了。小羊的心跳传染给了梅妞，梅妞的心也不由地跳起来。梅妞害怕另有一层原因，她记起听人说过，这砖窑里藏有一条大蟒蛇，蟒蛇的头大得像笆斗子，嘴一张像血盆子，吃兔子吃鸡都是生吞。还说蟒蛇的吸力很厉害，有野兔到窑口停留，它并不出来，只呆在暗处一发吸力，野兔就连滚带爬、稀里糊涂地跑进蟒肚子里去了。梅妞担心，倘若蟒蛇这会儿发现了他们，用嘴一吸，她和羊恐怕都活不成了，都得成为蟒的腹中之物。想到这里，她不免往砖窑深处瞥了一眼，里面阴森可怖，窑壁上残留的三条半圆形烟道，每一条都像蟒蛇的身子。她打了个寒战，头微微有些发晕。她想，这不行，蟒蛇吃她可以，要是吃她的水羊、驸马和皇姑，说什么也不行，她拼死也要保护它们。她把驸马和皇姑放到一只胳膊上集中抱着，腾出一只手来，把草筐上的镰刀抽出来了。她准备好了，蟒蛇胆敢出来，她就用镰刀往蟒蛇头上猛砍一气，把蟒蛇的眼睛砍瞎，就算蟒蛇把她吞进肚子里，她也不放下镰刀，还是要砍，最好能把蟒蛇的肠子砍断，肚皮砍破，让蟒蛇永远吃不成东西。她不知不觉地把镰刀握得紧紧的，嘴唇绷着，双目闪着不可侵犯的光芒，一副随时准备拼杀的样子。

这时，她听见滂沱大雨中有人喊她的名字，“梅妞——梅妞——”她透过雨幕往外一看，是爹找她来了，爹头戴斗笠，身穿蓑衣，正跌跌撞撞地跟狂风暴雨搏斗。

“爹，我在这儿——”梅妞只答应了一声就答应不成了，她哭了，喉咙哽咽得发不出声音。

驸马和皇姑一天天长大，它们早就不吃奶了，大口大口吃草，吃得膘肥体壮，一身银光。临近春节，爹要把驸马和皇姑牵到集上卖了。梅妞舍不得，搂着驸马和皇姑哭成个泪人儿。可爹还是背着梅妞把驸马和皇姑卖了，也没有给梅妞买做花棉袄的花布，却背回了一只半大的猪娃子。猪娃子长得很丑，比猪八戒还丑，梅妞看一眼就够了。爹一把猪娃子放在地上，猪娃子就扯着嗓子大叫。猪娃子叫得也很难听。

爹只给梅妞买回一块包头用的红方巾。爹说，卖羊的钱买了猪娃子就不够截花布了，等水羊再生了小羊，等小羊再长大，等他把小羊再卖掉，一定给梅妞截块花布，做件花棉袄。

梅妞没说什么，又开始了新一轮放羊。

四耳狼与猎人

◎满都麦

巍峨的群山，让皑皑白雪覆盖着，看上去好像是千千万万只静态的野生。那嶙峋重叠的奇山异峰，犹如俯瞰而卧的雄狮猛虎银雕；那犬牙交错的悬崖峭壁，又似千姿百态的岩羊、盘羊和扁角羊玉雕。再细看那一只只栩栩如生的形态，有的似乎在为已经灭绝的族群而悲哀，有的似乎在为留存下来的子孙们的命运而忧伤。

“呼！”

一声沉闷的枪声打破了世界的寂静，摇撼着大地，渐渐传向远方。

这一枪让一只静卧在山岩下可能做什么梦的赤红狐狸遭了殃，它倏地跳起来就地打着转，发出痛苦的哀叫。与此同时，那位猫在风头下一块岩石后头的开枪人也遭了不幸，巨大的后坐力使他脚下打滑，像块石头似地滚下山沟。

这位掉入大约十丈深沟的歪手巴拉丹，似乎已了却一生尘缘，无声无息了。

一

歪手巴拉丹是个过五迈六十的老猎人。

昨天降下了腊月以来第一场大雪，他达到了难以言表的兴奋状态。在最佳狩猎季节，他一直盼望能有一场清清楚楚地显现野生踪迹的大雪。

晚上，他特忙。因为第二天凌晨要出猎，他必须要准备好一切。他先是挑开灶里的火，化铅做砂子，接着剪铝片做小圆帽儿，最后装火药按火泡。

“……嗯，瞎子嘎拉桑和瘸子海达布死掉了，是个好事。”他边干手里的活儿边思谋着，“猎场上少了这两个与我争利的人，真是为我去了心病。”灶火的微光中，他那得意的脸显得红扑扑的。

瞎子嘎拉桑、瘸子海达布和歪手巴拉丹，都是同龄人。他们三家围着一口牧井鼎立而居，都是多年来征战黄羊滩和狮子山，以狩猎为生的老猎人。在那些肥美秋天和丰储冬天的日日夜夜里，扛着一杆空心铁，翻山越岭，爬坡过河，千辛万苦地去狩猎时，他们早已不再遵循祖先那个凡是猎获物不管是牛大的野生还是巴掌大的石鸡都要平分的规矩。不知是由于时代的变迁带来人口膨胀、猎场缩小的缘故呢，还是由于环境受到破坏而野生物变稀少的缘故呢，反正呵猎人们异想天开地转游一两天之后，才有可能遇到一两只野生。所以他们为了抢在别人之前捕到那仅有的一两只野生，简直到了明抢暗夺的地步。假如有谁先捕到了什么，谁也不肯让别人沾光，缩作一团，极力提防，好似乌鸦、老雕与刺猬，相互间充满了蔑视、仇视和敌视。

提起瞎子嘎拉桑并非生来就是瞎子。

那是个深秋时分，他们常到湖边芨芨丛中，蹲入挖好的土坑里，捕获前来饮水的黄羊的时节。那天嘎拉桑赶在巴拉丹和海达布之前蹲进坑里，等来了一群黄羊，于是就起了贪心，往火枪里装了多出一倍的火药和差不多百十来颗砂子，朝那并非饮水的黑压压的黄羊群正中一只公黄羊扣动了扳机。也许是过于贪心所致，因用力过大，该砸向火泡的击火器脱落而飞向一边。真倒霉！枪没响。不能让巴拉丹和海达布看我的笑话！他憋着一肚子气，顺手拣起一块石头照着扣在导火孔上边的火泡砸了下去。枪响了。湖边饮水的黑压压的黄羊群惊跑的时候，雌雄共 18 只黄羊倒在了湖边。然而欣喜若狂的嘎拉桑一时还全然不知火药把砂子儿射向黄羊的同时也射瞎了他的一只眼。

其实瘸子海达布也不是从小就是个瘸子。

有天晚上，海达布在狐狸必经之路安了个大铁夹子。当天晚上下了雪，第二天早晨他去找时什么也看不见了。是下了雪前有什么大家伙带走了铁夹子呢，还是巴拉丹或嘎拉桑哪一个使坏把铁夹子挪了位置呢？他心生疑窦，想看个究竟，用脚拨拉着雪往前找，却不料一脚踩下去，让那大得能把狼头夹扁的铁夹子夹住了腿，变成了瘸子。

瞎子、瘸子之后，又轮到了巴拉丹。

一天，让巴拉丹打伤的一只狼钻入一片深草不见了。巴拉丹踌躇起来，怎么办？按照猎人通常的做法，这种时候不必靠近，而是丢下不管，第二天过来剥皮就是了。可是当他想到如果瞎子嘎拉桑和瘸子海达布听到了他那打中的枪声而又见他空手回来，说不定半夜他们过来拣了呢，于是决定再补一枪当场扒皮，于是他重新装好火药和砂子儿，拖着枪钻入草丛往前爬。俗话说，祸从平地起。他那拖着的枪让草茎拉开了栓，又让艾蒿勾动了扳机。走火的枪又不长眼，打断了他的一条胳膊。后来虽然接上了，却也留下了歪手的绰号。

二

歪手巴拉丹天不亮就起了床。他走出户外去揭蒙古包顶，见那夜里下的一拃厚的雪，心就痒痒起来。在生火熬茶的工夫，他边往木碗里切煮熟的凉黄羊肉边琢磨着今儿个猎缘在哪方？于是习惯地捏着手指头，口念“日曜、月曜、火曜、水曜……”捏出了日辰，接着想再捏方向，蓦地听到挂在哈纳头上的火枪枪栓发出了“铮铮”响声。枪栓发出的吉兆令歪手巴拉丹拍响大腿，心里喊了声“好、好！今天的猎缘真不寻常咧……”他看了看尚未露出鱼肚白的东方天空，急急忙忙开始喝茶。

巴拉丹挂在哈纳头上的火枪常常发出这种响声。有了这种吉兆，根本用不着捏呀算呀的，随便朝哪个方向出去，都将满载而归。细想起来那支祖传猎枪没法不神通。且不说祖先那时候，单说到了巴拉丹手里究竟结束了多少条生命，连他自己也记不清，然而这支枪知道，不光知道他的，连他祖宗的也记得清清楚楚。猎场上有个血点枪眼枪更灵的说法。每打死一只野生，用冒烟的枪口点一下冒血的伤口，猎枪便可增添灵气，点得愈多愈灵，渐渐地就会变得神通不凡，及至每遇吉兆便会自动地发出响声。

听那响声，今天不遇只盘羊岩羊也能碰上只扁角羊或旱达罕[1]什么的。巴拉丹如此估摸着往枪筒里装了多出一倍的火药和杀伤力强的炸子儿，竟忘了封灶里的火[2]，他走了出去。

天色微微发亮。草丛间的野兔好像故意逗他似的，就在他身边伸手可及的距离仨仨俩俩地来回跑动。今天的目标可不是你们。巴拉丹理都不理，从旁走过。他走进狮子山，一心想大猎物的巴拉丹时而察看渐渐清晰的远处，时而搜寻脚下雪地上的踪印。

当太阳爬上狮子山最高峰的时候，歪手巴拉丹来到狮子山东南山谷里。倏地他发现在雪地上清清楚楚地印着刚刚走过的公母盘羊带小羔的三只盘羊踪。怎么样，我的猎枪够灵的吧!？他喜出望外，两眼发亮，两腿也轻多了。哈，多时没吃到那嚼起来有点发涩嚼过后满嘴香的盘羊肉啦。都说狮子山里盘羊绝种了，看来还有呢。好吧，你瞎子嘎拉桑和瘸子海达布可就没有这个口福喽。我巴拉丹再歪手也比你俩走运多了，这就叫祖宗积下的恩德哩。

歪手巴拉丹喜欢夸耀自己世代为猎的祖宗。他说他太爷爷曾是个用九十九只虎皮做蒙古包的猎人，爷爷是个用八十八只特赫[3]皮做蒙古包的猎人，父亲是个用七十七只旱达罕皮做蒙古包的猎人，而到了自己这辈却成了个用六十六只黄羊皮做蒙古包的猎人。其

---

① 旱达罕：麋、驼鹿、犴。

② 封灶火：牧民们出门前必须封好灶火，忘了封火，意味着不吉利。

③ 特赫：公野山羊。

实他所期望的不是只用黄羊、旱达罕、特赫或虎皮而是恨不得用一百零八条同等大小的龙皮缝一顶宽敞无比的大蒙古包，做一个比父亲、爷爷和太爷爷更强的猎人。可惜那个叫龙的玩意儿在比太太爷爷还老早的时候让皇帝老爷杀得精光，连个影子都没留下。歪手巴拉丹有时候也为自己未能有个传香火、接猎枪的儿子而悲哀。不过与狩猎为业的老祖宗连起来想，心里就会宽松些。假如他真有个儿子，恐怕连用五十五只兔皮缝个蒙古包顶的可能性都不会有了。假如再往下传到孙子、重孙子，也许只得用四十四只耗子皮来对付喽……

古时候地广人少，野生就像天空里的星群，数不尽打不完，然而就那样也还有很多不成文的关于保护生态平衡，保护野生繁殖方面的禁律，譬如只有雌雄一对的不猎，野生发情期不猎，哺乳期的母兽不猎……直到歪手巴拉丹的父亲这一辈，猎人们还严守着自古以来的那些禁忌。只是到了巴拉丹这一代这些禁忌已所剩无几，及至后来连影子都没有了。那些因贪婪而眼睛发红的新老猎手们，为了野味和野生的皮毛，不再讲任何禁忌，见了就打，碰上就杀。

巴拉丹让带羔公母盘羊踪引入狮子山深处，那踪突然折向一边大步奔去。他断定盘羊一定是受到了猎人或其它敌人的惊扰，不可能一时半会儿停下来。他爬着坡正觉得希望渺茫，忽然发现一行新从盘羊踪上横穿过去的狐狸踪。他看出那只狐狸个头很大而且也已吃饱，正在寻找适合打盹的地方，估计不会走出多远。行啦，明日的肥肉不如今日的杂碎。与其追踪那几只不知什么时候才能停下来的盘羊，不如琢磨近在咫尺的这只狐狸。他丢下远去的盘羊踪，跟上了爬向悬崖的狐狸踪。

他沿着陡峭的悬崖没爬几步，就瞧见了卧在悬崖背风处晒太阳的一只火红狐狸。怎么样!? 又有个二十五块钱的收入了。巴拉丹兴奋起来，摸到悬崖一侧的卧牛石背后，略一屏气，瞄准狐狸便扣动了扳机。

三

太阳照到狮子山北麓时，深谷里的巴拉丹才苏醒过来……这是怎么回事?! 他莫名其妙地欲欠身，顿觉脑袋痛得像爆裂一样。噢，对啦，我是跟着盘羊踪却去打了红狐狸的人哪。怎么，莫非是撞上修炼成仙的家伙而得到报应了不成?!

他想站起来，用了用劲儿，没成功。原来他的歪手又断了，一条腿也从踝骨处脱了臼，正钻心裂肝地疼痛。他这才心里扑通一下，不由想起瞎子嘎拉桑的死。

瞎子嘎拉桑终身以猎狐为荣。不知是真是假，据说死的那年冬天，他向邻里们吹嘘说：“我已经打死九千九百九十九只狐狸，再杀一只就是整一万”，并发誓，“只要凑够一万整数，我就要放下猎枪，金盆洗手做神仙”。可他连着几天出猎，甭说狐狸，连只兔子样的小狐崽都没碰着。“欲绝猎缘，竟如此倒霉?!”他望着落日无精打采地沿着去路往回返，猛然间他看见有只尾巴白到底，壮得像野猪似的大黑狐狸，也不知是从哪儿冒出来的，拦住他的去路，艾怨而嘶哑地朝他“汪汪”叫。“好晦气的东西！”他气急败坏地端起早已装了火药的猎枪就开枪。不知真的是白尾巴黑狐狸系修炼百年而成仙的呢，还是猎枪已在主人之前完成了杀戮的指数呢，反正呵只听一声巨响，枪膛爆炸，被打的狐狸安然离去，开枪的嘎拉桑却脑浆迸溅……

“刚才我打的是只火红的小狐狸呵，哪能和嘎拉桑那只白尾巴黑狐狸相比呢？”他尽可能寻找理由驱散自己的恐惧心理。“也许刚才只是场噩梦。我歪手巴拉丹是这一带唯一名震四方的祖传猎人，哪能这么容易就不行了呢?!”

他又一次想站起来，仍未成功。他这才意识到问题不那么简单。“这可怎么办？我一个孤身老汉，企盼谁来救我呢？真该倒霉！假如早知有今天，当初真该溜舔着让杭日娃那女人跟我好好过得啦。她人缘好，也很美，年轻时可比我老婆水灵多了，我还真没少为她神魂颠倒哩……”

歪手巴拉丹十六岁就有了结发妻子。可惜妻子一直不生育，到了四十岁肚子才凸起来。因为将要有个续香火、接猎枪的猎手儿子，巴拉丹着实脚不着地地高兴了几天。然而生产时难产，妻子像只受伤痛折磨的母鹿一样折腾了整整三天三夜，终于没能生产，母子俩双双离开了人世。失去妻儿，悲痛欲绝的巴拉丹曾一度失去生活的信心，差一点也跟着她们去了阴曹地府。

“你就不能不干那打猎杀生的作孽营生吗?!”杭日娃女人来看他，意味深长地说。

这句话像一层霜降在巴拉丹的心灵深处。她的劝告不是没有道理，杀戮为生，的确没有什么好结果。瞎子嘎拉桑先后娶了五个老婆，五个全死了，而且都像是石女，没有一个为他生育。就算这是缘了他德性不好。可瘸子海达布呢？他的瘦黄女人虽然给生了个独苗女儿，可天生呆傻，二十了还不会穿衣吃饭，喝口水也要咀嚼半天。喝同一口井水的三家猎户都落个断子绝孙的下场，不能说不是报应。看来真该改掉这提着猎枪以杀戮为乐的荒唐生活啦……他这样犹豫不决地度过了一个春天。不能说独身女人杭日娃不是个佛爷心肠的人。当巴拉丹刚刚结束一百天的丧期，她就拎着针头线脑包跟他合灶同炊，为她撑起了门户。这一下因中年丧妻而像霜打的草叶似发蔫的巴拉丹可算见到了明媚的阳光，他心灵深处积蓄多日的阴霾瞬息间烟消云散。面对按时端上一日三餐热茶新饭的杭日娃女人，他的生活又充满了新的生机。在风华正茂的年龄里歪手巴拉丹曾苦苦地追求过邻里这个单身女人。不过开头只是为她的美貌所动，时时瞧瞧，以饱眼福和心福而已。后来他觉得除了妻子没碰过别的女人的人还算什么男子汉，便为了满足这一贪婪的欲望，抱着像在无雪的荒野里追踪般的韧劲儿，每每狩猎完回家时以口渴为名绕进她家，口称“野味大家尝”，扔下一两只猎获物，天长日久了，终于有了感情和手脚。

在一个归鸟南飞的深秋季节。黄羊滩的黄羊肥得脊梁上像抹了一层朱砂一样泛红。瘸子海达布和瞎子嘎拉桑为猎黄羊忙得天天不着家，将打死的黄羊一对对地驮来，门前拉起长绳，挂满了一条条黄羊肉干。对此，巴拉丹看在眼里急在心里，手脚发痒，肚里的狩猎虫也蠕动起来，急得像是个憋尿的小男孩团团乱转。滩里的尤物，狩猎的吉品，凭啥就让他俩去独占?！巴拉丹终于忍不住，提着猎枪，迈出家门。

第二年青草萌芽的仲春的一天，巴拉丹家来了个自称是在南方动物园工作的上了年纪的人。他看出巴拉丹可能是个猎人，便说："如果您能捉住活狼，每一只我给三百块钱。"

三百块钱，差不多是十二张狐狸皮的价！歪手巴拉丹在心里默默地计算一下，点头答应了。

很快又到了坡上马兰青青，花卉出骨朵儿的初夏。一天，多日坐卧不安的歪手巴拉丹也没给杭日娃女人打一下招呼，操了枪就往外走。正在为巴拉丹缝制夏天穿的黄羊皮油鞣革上衣的杭日娃女人，怔怔地目送着不声不响走出家门的巴拉丹的背影，纳闷儿：怪啦，这会儿所有野生都在褪毛，只剩光皮板，黄羊肉也身上生虫卵不能吃了，难道他打了一辈子猎就不知道吗?！莫非他有了毛病?！

照进蒙古包内的阳光快到陶纳顶上的时候，歪手巴拉丹兴致勃勃地回来了。他从宽敞的蒙古袍怀抱里掏出三只还不足月的小狼崽儿，用背粪篓扣下，然后在喂奶器里装上牛奶喂起来。

杭日娃女人开头特别憎恶那些小狼崽儿，但后来渐渐觉着顺了眼，有时也给倒点吃剩的饭食。

没多久，小狼崽儿渐渐大起来，本性也开始显露出来，不愿接近人，也不愿当着人吃食。于是歪手巴拉丹就在蒙古包外挖了个坑，用柳条编了个篱笆地牢，将小狼崽儿放进去，每天用猎回的野兔野鸡和黄鼠喂养。

然而小狼崽儿都长成小狼时，那买狼人也不见踪影。

小狼愈长愈大，喂养也变得艰难。

“轻信那过路人的话瞎等，看来是成了狐狸和牤牛的故事啦。”① 因心疼巴拉丹那忙碌不停的样子，杭日娃女人说，同时她也露出了将三只小东西放生的意思。

“你把狼当成绵羊啦?”巴拉丹瞪大两眼，恶狠狠地说，“买狼人不来就拉倒。等再长大些皮毛长齐了，卖皮子还不行?!”

快到数九天，临近狼的发情期。篱笆中的小狼开始骚动起来，恨不得咬破篱笆跑出去，没日没夜地嗥叫折腾。甚至对成天喂养的巴拉丹也毫不客气，冲他龇牙咧嘴，射来充满敌意的目光。

“哼，别着急，过两天瞧老子怎样扒你们的皮吧!”

杭日娃女人听到巴拉丹这般嘟囔，便担心那几只小生命彻夜未眠。第二天，趁巴拉丹出猎，她壮胆打

---

① 狐狸和牤牛的故事：民间故事，说狐狸看见牤牛的阴囊上细下大，以为掉下来马上就能吃到，结果跟随了好几天，那玩意儿没掉下来，狐狸也饿死了。

开篱笆，放走了那几只小狼。

晚上，巴拉丹回来看见敞开的篱笆便明白是怎么回事，一进门就将围着锅灶忙乎的杭日娃女人左右开弓，打得她眼冒金星脸发烧。

“狼，是你叔父还是你娘舅？”他大发雷霆，“好端端的能做一床被子的三张狼皮让你放跑了……”

杭日娃女人捂脸痛哭着，内心充满了酸辛、苦涩和恼怒。“我没有义务非跟你这个狼心狗肺的东西一起过日子！”她收拾起手头用的东西，当晚就离去了。

巴拉丹躺在深谷里，如此这般想着，忽然听到有老雕在头顶上“咴咴儿”鸣叫。他抬头望去，只见老天爷阴沉着脸又要下雪，一只寻死尸的老雕近在射程之内盘旋。

鬼东西！黄羊滩、狮子山缺了你吃的，见我老汉的老肉垂涎啦?！难道我这个这片草原上最后一位老猎人就要变成老雕嘴里的吃食?！那么……将来人们就会说歪手巴拉丹的下场比瞎子嘎拉桑和瘸子海达布更次、更惨、更狼狈哩。真要那样，可就败坏了世代为猎的祖宗的名声呵！

望着头顶盘旋的老雕，心生悲哀的他忽然醒悟过来：嗨，哪是来吃我的，肯定是来吃刚刚让我打死的狐狸的。不行，那只火红的大狐狸少说也能卖二十五块钱。哪能把到手的猎获物让你老雕随意啄烂呢?！

他咬紧牙关，端着断胳膊，拖着脱臼的腿，用好手撑地，用好腿蹬地，吃力地向悬崖爬去。

四

西斜的太阳让云层遮挡着，只剩个微弱的光点。歪手巴拉丹奇迹般地爬出谷底，沿着刚才的脚印爬上了坡顶，几乎爬到了刚才狐狸卧过的悬崖顶上。可惜狐狸已不见，只见鲜血染红了一尺见方的雪地，周围也不见有出走的踪印。巴拉丹绝望了。一定是让刚才那只老雕叼走了。他朝天上看，老雕也不见了。他捂嘴后悔不迭：哼，要是早知道要让你叼走，何必要打它呢？真是可惜了的……再回头去追那几只盘羊是没指望了。那就找一找丢下的猎枪吧。他又继续向上爬。他听到了似乎是野狼的嚎叫声。他眼前一亮，屏息细听，没错，果然是野狼。他神经质地摸了摸别在腰带上的用牛角制成的火药筒和用公黄羊阴囊皮制成的砂子袋。野狼是与猎人争夺猎获物的天敌，已经相遇，就得打死它。我必须马上找到猎枪！他鼓足劲儿，继续向悬崖爬去。猎枪不在那儿，可能在刚开枪的那块卧牛石后头。他又向几步远的卧牛石爬去。

光板石头上的积雪似乎专跟他开玩笑，好不容易爬上去几寸，一打滑便滑下去好几尺。野狼嚎叫声愈来愈近，眼前的山沟里出现了一群发情的公狼，黑压压的，数量不少。一只、两只、三只……总共有七只，其中有一只母狼。所有的公狼都争着要接近走在最前面的母狼。嘿，多好的机会！太好啦！近年来很少见有这么多发情的公狼在一起。十年前遇到过一次，他藏在岩石后头只打死走在后面的四只公狼，其它的跟母狼一起跑掉了。这次一只也别让它跑了。七只狼皮，缝两床被子还有余头，要卖也能卖它一百多块钱。我歪手巴拉丹再有伤，也不能玷污猎手的荣誉。如果端着断胳膊拖着脱臼的腿，一窝端了那些狼，那才是名副其实的猎人哩。

兴奋起来的巴拉丹不顾一切地去找猎枪。他完全忘记了酸痛的断胳膊和脱臼的腿。猎人遇到野生都这样。这是他们的天性。巴拉丹变成歪手的那次，也有过一次同样的经历。那次虽然流血的胳膊痛得钻心，但他并没有忘记深草里受伤的狼。放走到手的猎物，下次出猎必将空手而归。巴拉丹咬一咬牙，撕下腰带，用嘴和好手缠住受伤的胳膊，重新为猎枪装好了子弹。他抱着我因你而受伤的仇恨，接近正在舔伤口的野狼，用断胳膊为猎枪做依托，扣动了扳机。站立起来朝他龇牙咧嘴扑来的狼应声倒下……现在他依然以这种精神，挥汗如雨，气喘咻咻地爬到了丢下猎枪的卧牛石跟前。他有点喘不过气来，稍稍停下来顺势察看山谷里打转的狼群。他担心狼群走远了，不好打。没想到就在这时，用好腿膝盖顶着的石板突然打滑，他像个玩滑梯的孩子似的，从高高的悬崖上直直地滑下去，一直滑到狼群所在的山谷上面的斜坡上，才好不容易停下来。

公狼们正为母狼而相斗，忽见巴拉丹从上头滑下来，受惊不小，立即跑散。不过它们跑出去后停下来回头看到一动不动地躺在地上的巴拉丹似乎明白了一切，便又一点点地往回走来。

看着成群而至的狼群，巴拉丹目瞪口呆，吓得早已不是刚才那个为连窝端这群狼而不顾一切，奋力爬悬崖的巴拉丹了。这下可完啦！我赤手空拳不说，而且还重伤在身，能有好下场吗?！当他想到要跟瘸子海达布一样将变成狼食，便浑身直打哆嗦。

……瘸子海达布起了个大早，去德日斯图峡谷察看头天晚上安放的狼夹子。狼夹子夹住了一只母狼的两条前爪。看来已经折腾了一夜，已将一座蒙古包见方的草地践作出黑圈，正绝望地立在原地看他走近。海达布高兴极啦，他走到母狼跟前举起枪托朝母狼头部狠狠地砸去。母狼发出痛苦的叫声。倏地从近旁芨芨丛里“嗖嗖”蹿出两只公狼来。看样子它们在芨芨丛里守候了一夜，此刻要为母狼复仇。还没等海达布反应过来，头一只公狼把他冲倒在地一口咬断了他的喉咙。第二只公狼叼起垂死挣扎的海达布裆部抖动着，从喉咙深处发出愤怒而暴躁的吼声。瞬息间两只公狼撕光了尚未断气的海达布衣裳，撕开胸膛，掏空了心肝肺……这一恐怖的死亡场面呈现在歪手巴拉丹的脑海里，令他毛骨悚然，心惊胆战。当他再次看时，狼群已来到十步之遥。他恐惧的眼珠子瞪到了脑门上：今天是完啦，在这深山里……一辈子杀狼的我居然也要跟瘸子海达布一样活活地让野狼吃掉啦。唉，父亲、祖父……那时候有过这种事吗？可是从来没听说过呵。怎么到了我们这一代祸凶不断，接连发生这种恶遇呢？到底是现在的狼比那时候的狼凶了呢，还是现在的人比那时候的人懦弱下作了呢？……

逼到巴拉丹身边的野狼好像个个都在琢磨如何处置眼前这块活肉似的，有的伸出大红舌头舔着嘴，有的张大嘴露出獠牙急不可耐地打哈欠。

先是为众公狼领头的细条母狼走过来，闻了闻巴拉丹头下的气味，然后转过去似乎对身后的公狼们招呼声“你们等着，让我来收拾他”，瞅一瞅闻一闻地朝他走近。

完啦。它是来咬断我喉咙，撕开我胸膛的。巴拉丹缩作一团，护着喉咙，紧闭双眼等着。

母狼频频嗅着巴拉丹，似乎在鉴别这块肉是否能吃，最后好像有了主意，干脆挨着他蹲下，继续观察他的反应。

许久了。恐惧得差点拉裤子的巴拉丹觉得奇怪，轻轻半睁眼看了一下。天哪，他看见身边这只母狼不是通常的两个耳朵，而是四只耳朵。他越发心惊肉跳起来。怪！这是什么狼？他这一辈子不知杀死过多少只狼，甭说是四只耳朵的，就是三只耳朵的也未曾见过呵。可如今我竟成了四耳母狼的美餐！？不过倒也是，谁听说过两只耳朵的狼吃过人呢？现在看来吃掉瘸子海达布的可能也是这种四耳狼啦……

后边并排立着的公狼们已经有些不耐烦了。有只高大的长鬃公狼走出队列，先缓后慢最后箭一般地扑了过来。吃我的到底还是两耳狼而不是四耳狼，巴拉丹想。可四耳狼却不答应，迅速向长鬃迎了过去，厮打一阵后将它击退。于是长鬃狼后头跃跃欲试的其它公狼也都打住，垂涎舐腮，无可奈何地瞅着四耳朵的神色。

此时本来已吓得半死的巴拉丹因见长鬃狼雄狮猛虎般地扑来，只觉肝胆破裂，头一沉，不省人事。

五

天色渐晚。

阴森森的天开始落下一两片雪花。昏暗中，远处的影子泛着白光。

山谷里，守候巴拉丹的狼群依然喧啸着，大有不达目的决不罢休的阵势。

该吃这块到嘴边的活肉了吧?！公狼们似乎都在表示对四耳狼的不满，有的焦躁地在雪地上打滚，有的在发馋地伸着懒腰，也有饥饿的表示抗议，暴怒地向身后抛土。

假如不是遇了发情期，公狼们都不会让四耳狼管束得如此服服帖帖。然而恰恰在这欲火旺盛的节令里，母狼才有这种支配一切的机遇。假如这时母狼利益受到侵犯、生命受到危胁，那么所有公狼都会毫不顾忌地豁出命来报复和进攻。所以此刻跟随四耳狼的公狼们都怕被嫌弃而不让接近，都不敢违背四耳狼的意志去进攻巴拉丹。

巴拉丹苏醒过来。他听到了狼群的叫嚣声和折腾声。当他睁眼看见身边黑压压的狼群，才猛然想起刚才的情景，突然意识到四耳狼毫不留情地击退扑向他的公狼，而自己又不急于下手，是在故意折磨他。……好狠毒的家伙！见我已毫无招架之力，自己不咬死我，也不让公狼们靠近我，是成心要在咬断我喉咙撕开我胸膛之前非把我折腾够不可哩。噢，难道是瞎子嘎拉桑和瘸子海达布的死魂附在这四耳狼身上，来故意取笑我吗?!

巴拉丹的思绪漫无边际地跳跃着，忽然想起一个遥远的事情：他用喂奶器喂养三只小狼崽儿的第三天头上，有一只小母狼崽儿发病要死了。到手的三百块钱哪，怎能让一阵风吹走了呢?！在焦急之中他用杭日娃做衣服的剪子从上到下地剪开了小母狼崽儿的两耳，放掉了坏血才治好……哟，莫非这四耳狼就是那年杭日娃女人放生的小狼不成？那是……一、二、三、……五年前的事了。真有灵性，五年了还能闻出我身上的气味儿……倏地一股热流通遍了他的全身。瞅着守护在他身边警觉地防备公狼们袭击的四耳狼，他的眼里盈满了泪水，刹那间陷入了深深的懊悔之中。

……我明白了。你是念我的好处，念我那点表面的喂养你的好处，并把它当成大恩大德，才这样做哩。唉，多傻哟！难道我是疼爱你，才喂养你的吗？你至今还不知道我曾在心里想的和背地里干的哩。为了把你从温暖的母怀里夺过来，我曾荷枪实弹地埋伏在离洞口不远的岩石后头整整等候了半天。当你娘出外找食奔波了半天，挺着发胀的奶乳小跑着回来要哺乳你们的时候，我便迎头一枪打死了它。猎人猎狼，一为狼皮二为狼心。可那个季节狼皮已无毛没用了，可是狼心是治疗心脏病的良药，而且男人吃了狼心可壮胆壮骨增添男子汉气质，所以掏走了你娘的心。把你们抱到家里喂养，本来是用你们换几百块钱，后来因买狼人杳无音讯，才又决定把你们杀了卖狼皮。好在好心的杭日娃女人把你们放生了，要不然再有一天我就把你们宰了扒皮了，要知道我已把刀子磨锋利了……

瞅着四耳狼，巴拉丹的心里总不是滋味儿，胸腔里有个冰冷的铁巴掌在紧捏他的心，从那心里捏出的悔恨的老泪模糊了他的视线。顷刻间那铁巴掌捏出来的泪水似乎有了巨大的魔力，将他狩猎人天生的贪婪和残忍洗涤一净，令那巴拉丹转眼变成了人世间少有的慈悲之人。

……我是个什么？现在才知道，人，实在是个没意思的东西。苍天之下大地之上所有生灵，都有权在所在的那片空间里按照自己的规律生息繁衍。然而人，从古至今只要听说是"狼"，便恨得咬牙，甚至把人的恶劣行为也用狼来作比喻。其实人的某些行为比狼更狠毒，更残忍，更张牙舞爪。难道人们不能把对狼的积怨深仇转移到那些涂炭生灵的人身上吗?！……

具有同一生存环境的狼与人，为了各自的生存，都同样去侵害别的生灵。不过狼只要吃饱了肚子，就不再去贪食。可是人吃饱了肚子，还要贪得无厌地去积攒，乃至把狼的食源也杀绝荡尽，不留一丝儿繁殖的机会，然后还说"狼是天敌"。看来某些极端自私和贪得无厌的文明人，在维持生态平衡方面，似乎还不如四条腿的野生的狼。狼为了小狼崽儿的平安，在哺乳期内绝不会去骚扰和加害周围的野生和牲畜。每年阴历五月中旬，当人们组织围猎捕狼时，母狼把正在哺乳的小狼崽儿装入事先准备好的牛羊肚子内，然后驮在背上天不亮就躲入偏远的深山老林之中。狼的承受力和忍耐力也是惊人的，即使被抢了食源，被猎杀了骨肉，也会为了日后的长期生存，不轻易与人为敌和图谋报复。

歪手巴拉丹伤心地痛哭了。从他心里流出来的老泪沿着褶皱纵横的脸颊，一滴滴地落在穿在身上的白茬皮袍的袍襟上。说实话自从他懂事起真还没有这样哭过。可是这会儿在这白雪皑皑的荒山峡谷里的黄昏中，面对守护他的四耳狼，他竟抑制不住自己大声地恸哭起来。

听了巴拉丹那一声声悲痛欲绝的恸哭，一直蹲着的四耳狼站了起来，轻轻走到公狼们跟前似乎是耳语什么，然后伸腰发出一声长长的哀鸣。

“我们不能只看到眼前鼻子底下的一点利益。”巴拉丹哭了一阵，不由想起一位到草原来旅游的曾到国外深造过的学者的话，“从生态平衡角度讲，狩猎最终危害人类自己。尤其是在草原上，猎狼绝对是错误的。狼为机警之师。没有狼，马群和牲畜都将变得迟滞、怠惰和没有精神……”这是一句我闻所未闻的话。可惜我把他的话当成耳旁风。现在想起来，这是一句至理名言。唉，能有几个人懂得大千世界上的生灵万物相互依存的千丝万缕的联系呢?！不过我开始明白了狼不是人类的天敌这个简单道理。在这片土地上，最危险的敌人不是狼，而是像瞎子嘎拉桑、瘸子海达布和歪手巴拉丹这样终身以杀生为业的猎人。啊，我真不知羞耻，曾大言不惭地自吹是家乡的最后一位猎人哩！瞎子嘎拉桑和瘸子海达布的确是该死，他们死有余辜。杀生不正，装满的孽囊终究要爆炸哩。而杭日娃女人才是个善良的人，她不知多少次地规劝我，不要去狩猎，不要去杀生作孽。她说的跟那位学者都是一个意思。

歪手巴拉丹在恚恨与悲伤中怔怔地看着周围的荒山。那嶙峋重叠的奇山异峰犹如一只只怒吼的雄狮猛虎，朝他射来冰冷的目光；那犬牙交错的悬崖峭壁，又似乎是一只只艾怨的岩羊、盘羊和扁角羊，令人爱怜和痛惜……是呵，对这里的每一只生灵我都欠有血债。绝种的，自然要愤恨；稀少了的，自然要艾怨。在这片土地上我所犯下的罪孽，比瞎子嘎拉桑和瘸子海达布只多而不少，如果再加上父亲、祖父、曾祖父……积下的罪孽，将比狮子山还要高，比黄羊滩还要大呵。自古以来都说孽数有头，我这是该到头了呵！我该怎样忏悔和偿还对这片土地、对这片大自然所犯下的罪孽和所欠下的血债呢？实在是应该让世人都明白，同时也应该为后人敲响警钟，假如今后有谁玷污这片土地，肆无忌惮地毁灭这片土地上生存的一切，最终就会像瞎子嘎拉桑、瘸子海达布和歪手巴拉丹那样，断子绝孙，死无葬身之地！

歪手巴拉丹不再哭了。看着守护他的四耳母狼，他的心里一阵酸似一阵，一阵痛似一阵，也一阵热似一阵。

喔，我的四耳狼呵！你让我明白了在尘世混了六十年都没能明白的最最深刻的道理。在这个五彩缤纷且又布满雾霭的世界里，我这个至今还没有放下猎枪的猎人已无任何牵挂，也无任何留恋。纯真无邪的杭日娃女人已经一去不复返。如果那次我不是因为小狼的事而变脸，她是不会走的……他瞅着一步之遥的四耳母狼，却看到了年轻时妩媚动人的杭日娃女人……冬日寒风凛冽的夜晚，温柔而迷人的杭日娃女人撩起散发着体温的热被窝，用她那柔软的双手替他轻轻挠着发痒的后背，让他领略着爱的享受和女人的美妙。

（哈达奇·刚 译）

启　事

本书收录的作品大部分已获得作者的授权。但由于客观原因，一些作者仍未能及时联系上。请有关作者（版权持有人）及时与本书编辑联系，以便领取样书和稿酬。

编辑联系电话：周山丹 020—87360546

华俊锋 020—87399630

出版者谨启